학생부터 성인까지 모두 함께 보는

왕초보자
일단어
독파하기

Rie 엮음

이 책의 특징

외국어 공부에 있어서 단어를 안다는 것은 필수가 아닐까 한다. 문법이나 문장의 구조를 아무리 많이 알고 있어도 단어를 알지 못한다면 회화를 할 수 없기 때문이다. 정확한 단어를 외우고 그것이 바탕이 되어야 올바른 문장을 구성하고 그러한 과정을 거쳐 매끄럽고 세련된 회화와 작문을 할 수 있을 것이다.
일본어 단어는 여러분들도 공부를 하다보면 알겠지만 우리와 같은 한자를 쓰고 발음도 비슷한 부분이 많으며 현재 실생활에 알게 모르게 쓰고 있는 일본어들도 많이 있어 상당히 친숙하게 느껴진다.

문장 보호 사용
원래 일본어는 「?, !」표시를 쓰지 않으나 명사나 동사 기본형으로 끝나는 회화체 의문문이나 감탄문에는 「?, !」를 써서 학습자의 이해를 돕도록 하였다.

품사 표시
형, 명, 동 등 처럼 품사를 표시하여 단어의 완성도를 높였고, 명사처럼 です(~입니다)가 붙는데, 형용사의 의미인 단어는 형동으로 표시하였다.

약 1,300단어 수록
일본어를 자유자재로 구사할 수 있도록 주로 일상생활에서 많이 쓰이는 단어와 현지에서 사용하는 단어만을 엄선하였습니다.

일본어 히라가나 순으로 단어를 배열
일본어를 쉽게 찾을 수 있도록 히라가나 순으로 단어를 배열하여 일본어를 잘 몰라도 쉽게 찾을 수 있도록 수록하였습니다.

정확한 한글발음 표기
모든 단어에 한글발음을 최대한 현지발음에 맞게 표기하여 좀 더 정확한 발음으로 배울 수 있도록 충실하게 표기하였습니다.

그림으로 쉽게 배우고 예문으로 실력향상
단어에 제시된 예문을 통해서 단어와 회화를 동시에 익힐 수 있으며 그림으로 쉽게 기억할 수 있습니다.

contents

あ ----------------------------------- 16
　　い・37　う・55　え・67　お・74

か ----------------------------------- 95
　　き・134　く・156　け・169　こ・178

さ ----------------------------------- 193
　　し・206　す・239　せ・250　そ・258

た ----------------------------------- 265
　　ち・282　つ・290　て・297　と・306

な ----------------------------------- 324
　　に・335　ぬ・343　ね・345　の・350

- **は** ──────────────── 355

  ひ•379　ふ•395　へ•407　ほ•414

- **ま** ──────────────── 426

  み•436　む•442　め•445　も•449

- **や** ──────────────── 456

  ゆ•463　　　　　　よ•469

- **ら** ──────────────── 473

  り•477　　　れ•481　ろ•484

- **わ** ──────────────── 487

히라가나

あ 아	い 이	う 우	え 에	お 오
か 카	き 키	く 쿠	け 케	こ 코
さ 사	し 시	す 스	せ 세	そ 소
た 타	ち 치	つ 츠	て 테	と 토
な 나	に 니	ぬ 누	ね 네	の 노
は 하	ひ 히	ふ 후	へ 헤	ほ 호
ま 마	み 미	む 무	め 메	も 모
や 야		ゆ 유		よ 요
ら 라	り 리	る 루	れ 레	ろ 로
わ 와		ん 응		を 오

카타카나

ア 아	イ 이	ウ 우	エ 에	オ 오
カ 카	キ 키	ク 쿠	ケ 케	コ 코
サ 사	シ 시	ス 스	セ 세	ソ 소
タ 타	チ 치	ツ 츠	テ 테	ト 토
ナ 나	ニ 니	ヌ 누	ネ 네	ノ 노
ハ 하	ヒ 히	フ 후	ヘ 헤	ホ 호
マ 마	ミ 미	ム 무	メ 메	モ 모
ヤ 야		ユ 유		ヨ 요
ラ 라	リ 리	ル 루	レ 레	ロ 로
ワ 와		ン 응		ヲ 오

숫자

- 一 (いち) — 이치 — 일, 1
- 二 (に) — 니 — 이, 2
- 三 (さん) — 상 — 삼, 3
- 四 (し/よん) — 시/용 — 사, 4
- 五 (ご) — 고 — 오, 5
- 六 (ろく) — 로쿠 — 육, 6
- 七 (しち/なな) — 시치/나나 — 칠, 7
- 八 (はち) — 하치 — 팔, 8
- 九 (く/きゅう) — 쿠/큐- — 구, 9
- 十 (じゅう) — 쥬- — 십, 10
- 二十 (にじゅう) — 니쥬- — 이십, 20
- 三十 (さんじゅう) — 산쥬- — 삼십, 30
- 四十 (よんじゅう) — 욘쥬- — 사십, 40
- 五十 (ごじゅう) — 고쥬- — 오십, 50
- 六十 (ろくじゅう) — 로쿠쥬- — 육십, 60
- 七十 (ななじゅう) — 나나쥬- — 칠십, 70
- 八十 (はちじゅう) — 하치쥬- — 팔십, 80
- 九十 (きゅうじゅう) — 큐-쥬- — 구십, 90

百(ひゃく)	햐쿠	백, 100
二百(にひゃく)	니햐쿠	이백, 200
三百(さんびゃく)	삼뱌쿠	삼백, 300
四百(よんひゃく)	용햐쿠	사백, 400
五百(ごひゃく)	고햐쿠	오백, 500
六百(ろっぴゃく)	롭퍄쿠	육백, 600
七百(ななひゃく)	나나햐쿠	칠백, 700
八百(はっぴゃく)	합퍄쿠	팔백, 800
九百(きゅうひゃく)	큐-햐쿠	구백, 900
千(せん)	셍	천, 1,000
二千(にせん)	니셍	이천, 2,000
三千(さんぜん)	산젱	삼천, 3,000
四千(よんせん)	욘셍	사천, 4,000
五千(ごせん)	고셍	오천, 5,000
六千(ろくせん)	로쿠셍	육천, 6,000
七千(ななせん)	나나셍	칠천, 7,000
八千(はっせん)	핫셍	팔천, 8,000
九千(きゅうせん)	큐-셍	구천, 9,000
一万(いちまん)	이치망	만, 10,000
二万(にまん)	니망	이만, 20,000

三万 (さんまん)	삼망	삼만, 30,000
四万 (よんまん)	욤망	사만, 40,000
五万 (ごまん)	고망	오만, 50,000
六万 (ろくまん)	로쿠망	육만, 60,000
七万 (なな/しちまん)	나나/시치망	칠만, 70,000
八万 (はちまん)	하치망	팔만, 80,000
九万 (きゅうまん)	큐-망	구만, 90,000
十万 (じゅうまん)	쥬-망	십만, 100,000
百万 (ひゃくまん)	햐쿠망	백만, 1,000,000
千万 (せんまん)	셈망	천만, 10,000,000
億 (おく)	오쿠	억
十億 (じゅうおく)	쥬-오쿠	십억
百億 (ひゃくおく)	햐쿠오쿠	백억
千億 (せんおく)	셍오쿠	천억

시간

一時 (いちじ)	이치지	한 시, 1시
二時 (にじ)	니지	두 시, 2시
三時 (さんじ)	산지	세 시, 3시

● 四時(よじ)	요지	네 시, 4시
● 五時(ごじ)	고지	다섯 시, 5시
● 六時(ろくじ)	로쿠지	여섯 시, 6시
● 七時(しちじ)	시치지	일곱 시, 7시
● 八時(はちじ)	하치지	여덟 시, 8시
● 九時(くじ)	쿠지	아홉 시, 9시
● 一分(いっぷん)	입풍	1분
● 二分(にふん)	니훙	2분
● 三分(さんぷん)	삼풍	3분
● 四分(よんぷん)	욤풍	4분
● 五分(ごふん)	고훙	5분
● 六分(ろっぷん)	롭풍	6분
● 七分(ななふん)	나나훙	7분
● 八分(はっぷん)	합풍	8분
● 九分(きゅうふん)	큐-훙	9분
● 十分(じゅっぷん)	쥽풍	10분
● 一秒(いちびょう)	이치뵤-	1초
● 二秒(にびょう)	니뵤-	2초
● 三秒(さんびょう)	삼뵤-	3초
● 四秒(よんびょう)	욤뵤-	4초

● 何時 (なんじ)	난지	몇 시
● 何分 (なんぷん)	남풍	몇 분
● 何秒 (なんびょう)	남뵤-	몇 초

지시대명사와 연체사

● これ	코레-	이것
● それ	소레	그것
● あれ	아레	저것
● どれ	도레	어느 것
● ここ	코코	여기
● そこ	소코	거기
● あそこ	아소코	저기
● どこ	도코	어디
● こちら	코치라	이쪽
● そちら	소치라	그쪽
● あちら	아치라	저쪽
● どちら	도치라	어느 쪽
● こっち	곳치	이쪽
● そっち	솟치	그쪽

• あっち	앗치	저쪽
• どっち	돗치	어느쪽
• この	코노	이
• その	소노	그
• あの	아노	저
• どの	도노	어느
• こんな	콘나	이런
• そんな	손나	그런
• あんな	안나	저런
• どんな	돈나	어떤
• 何(なに)	나니	무엇
• どうして	도-시테	왜, 어째서

위치와 방향

• 上(うえ)	우에	위
• 下(した)	시타	아래
• 横(よこ)	요코	옆
• 後(うし)ろ	우시로	뒤
• 向(む)かい	무카이	맞은편

● 中 (なか)	나카	안, 속
● 左 (ひだり)	히다리	왼쪽
● 右 (みぎ)	미기	오른쪽
● 外 (そと)	소토	밖
● 東 (ひがし)	히가시	동쪽
● 西 (にし)	니시	서쪽
● 南 (みなみ)	미나미	남쪽
● 北 (きた)	키타	북쪽
● 真 (ま)ん中 (なか)	만나카	한가운데
● 隅 (すみ)	수미	구석
● 近 (ちか)く	치카쿠	근처
● 遠 (とお)く	토-쿠	멀리
● 間 (あいだ)	아이다	사이
● 内外 (ないがい)	나이가이	안팎
● 内側 (うちがわ)	우치가와	안쪽
● 外側 (そとがわ)	소토가와	바깥쪽
● 両方 (りょうほう)	료-호-	양쪽
● 左右 (さゆう)	사유-	좌우
● 中央 (ちゅうおう)	츄-오-	중앙

일과 요일

- 一日 (ついたち) — 츠이타치 — 1일
- 二日 (ふつか) — 후츠카 — 2일
- 三日 (みっか) — 믹카 — 3일
- 四日 (よっか) — 욕카 — 4일
- 五日 (いつか) — 이츠카 — 5일
- 六日 (むいか) — 무이카 — 6일
- 七日 (なのか) — 나노카 — 7일
- 八日 (ようか) — 요-카 — 8일
- 九日 (ここのか) — 코코노카 — 9일
- 十日 (とおか) — 토-카 — 10일
- 週末 (しゅうまつ) — 슈-마츠 — 주말
- 月曜日 (げつようび) — 게츠요-비 — 월요일
- 火曜日 (かようび) — 카요-비 — 화요일
- 水曜日 (すいようび) — 수이요-비 — 수요일
- 木曜日 (もくようび) — 모쿠요-비 — 목요일
- 金曜日 (きんようび) — 킹요-비 — 금요일
- 土曜日 (どようび) — 도요-비 — 토요일

あ

0001 あい

[愛] 아이 명 사랑

母の愛は山より高い.
하하노 아이와 야마요리 타카이
어머니의 사랑은 산보다 높다.

0002 あいさつ

[挨拶] 아이사츠 명 인사

先生に挨拶をした.
센세-니 아이사츠오 시타
선생님께 인사를 했다.

0003

アイスクリーム

ice cream
아이스크리-무

명 아이스크림

アイスクリーム二つ下さい.
아이스크리-무 후타츠 쿠다사이
아이스크림 두 개 주세요.

0004

あいだ

[間] 아이다 명 ~사이, ~중

母を待っている間に絵を描いた.
하하오 맛테이루 아이다니 에오 카이타
엄마를 기다리는 사이에 그림을 그렸다.

0005

あう

[会う] 아우 동 만나다

私は駅の前で彼女に会う.
와타시와 에키노 마에데 카노죠니 아우
나는 역 앞에서 그녀를 만날 거야.

0006 あう

[合う] 아우 동 맞다, 알맞다

このコートは私に合わない.
코노 코-토와 와타시니 아와나이
이 코트는 나에게 맞지 않는다.

0007 あおい

[青い] 아오이 형 파랗다

私はあの青い服がいい.
와타시와 아노 아오이 후쿠가 이-
나는 저 파란 옷이 좋다.

0008 あかい

[赤い] 아카이 형 빨갛다

庭に赤いばらが咲いている.
니와니 아카이 바라가 사이테이루
정원에 빨간 장미가 피어 있다.

0009 あかちゃん

[赤ちゃん] 아카창 **명** 아기, 어린애

あの赤ちゃんはいつも泣く.
아노 아카창와 이츠모 나쿠
그 아기는 언제나 운다.

0010 あき

[秋] 아키 **명** 가을

秋は私が大好きな季節だ.
아키와 와타시가 다이스키나 키세츠다
가을은 내가 가장 좋아하는 계절이다.

0011 あくしゅ

[握手] 아쿠슈 **명** 악수

父と先生が握手をした.
치치토 센세-가 아쿠슈오 시타
아빠와 선생님이 악수하셨다.

アクセサリー accessory
아쿠세사리- 명 악세서리

ネックレス
넥크레스
목걸이

ネクタイピン
[necktiepin] 네쿠타이핑
넥타이핀

ネクタイ
[necktie] 네쿠타이
넥타이

ブレスレット
브레스렛토
팔찌

ブローチ
[broach] 브로-치
브로치

ゆびわ
[指輪] 유비와
반지

イヤリング
[ear ring] 이야링구
귀걸이

てぶくろ
[手袋] 테부쿠로
장갑

0013 あくび

[欠伸] 아쿠비 명 하품

欠伸をする時は手をあてなさい.
아쿠비오 스루토키와 테오 아테나사이
하품을 할 때에는 입을 가리고 하렴.

0014 あける

[開ける] 아케루 동 열다

私は今ドアを開けられない. 電話中だから.
와타시와 이마 도아오 아케라레나이.
뎅와츄-다카라
나는 지금 문을 열 수 없어. 전화 중이거든.

0015 あげる

[揚げる] 아게루 동 (기름에) 튀기다

夕食に魚でも揚げましょうか.
유-쇼쿠니 사카나데모 아게마쇼-카?
저녁에 생선이라도 튀길까요?

0016 **あげる** 아게루 동 주다

これ、君(きみ)にあげるよ.
코레 키미니 아게루요
이것, 너한테 줄게.

0017 **あご** [顎] 아고 명 턱

ひげを剃(そ)るとき顎(あご)に怪我(けが)をした.
히게오 소루토키 아고니 케가오시타
면도할 때 턱을 베었다.

0018 **あさ** [朝] 아사 명 아침

私(わたし)は朝遅(あさおそ)く起(お)きた.
와타시와 아사오소쿠 오키타
나는 아침 늦게 일어났다.

0019 あさい

[浅い] 아사이 [형] 얕다

彼女は浅いプールにいる.
카노죠와 아사이 푸-루니 이루
그녀는 얕은 수영장에 있다.

0020 あさごはん

[朝御飯] 아사고항 [명] 아침식사

朝御飯は必ず食べた方が
健康にいい.
아사고항와 카나라즈 타베타호-가
켕코-니 이-
아침밥은 꼭 먹는 것이 건강에 좋다.

0021 あじ

[味] 아지 [명] 맛

砂糖は甘い味がする.
사토-와 아마이 아지가 수루
설탕은 단 맛이 난다.

0022 **あし**

[足] 아시 명 발

あし　みず　なか　い
足を水の中に入れた.
아시오 미즈노 나카니 이레타
발을 물속에 넣었다.

0023 **アジア**

Asia 아지아 명 아시아

かんこく　ぞく
韓国はアジアに属する.
캉코쿠와 아지아니 조쿠수루
한국은 아시아에 속한다.

0024 **あしあと**

[足跡] 아시아토 명 발자국

どろ　あしあと　のこ　だれ
泥の足跡を残したのは誰?
도로노 아시아토오 노코시타노와 다레?
진흙 발자국을 남긴 건 누구니?

0025 あした

[明日] 아시타 명 내일

また明日.
마타 아시타
내일 또 보자.

0026 あしのゆび

[足の指] 아시노유비 명 발가락

足の指を怪我した.
아시노유비오 케가시타
발가락을 다쳤다.

0027 あそび

[遊び] 아소비 명 놀이, 게임

どんな遊びをしようかな.
돈나 아소비오 시요-카나
어떤 놀이를 할까?

0028 あたたかい

[暖かい] 아타타카이 [형] 따뜻하다

天気が暖かくなっていく.
텡키가 아타타카쿠 낫테이쿠
날씨가 따뜻해진다.

0029 あだな

[渾名] 아다나 [명] 별명

ユジョンの渾名はあひるだ.
유정노 아다나와 아히루다
유정이의 별명은 오리다.

0030 あたま

[頭] 아타마 [명] 머리

先生は私の頭をなでた.
센세-와 와타시노 아타마오 나데타
선생님은 내 머리를 쓰다듬었다.

0031 あたらしい

[新しい] 아타라시- 〖형〗 **새롭다**

これは新しいパソコンゲームだよ.
코레와 아타라시- 파소콩 게-무다요
이건 새로운 컴퓨터 게임이야.

0032 あつい

[熱い] 아츠이 〖형〗 **뜨겁다**

このお茶は熱くておいしい.
코노 오챠와 아츠쿠테 오이시-
이 차는 뜨거워서 맛있어요.

0033 あつい

[厚い] 아츠이 〖형〗 **두껍다**

この本はすぐ読むには厚すぎる.
코노 홍와 수구 요무니와 아츠스기루
이 책은 금방 읽기엔 너무 두껍다.

0034 あつさ

[暑さ] 아츠사 图 더위

私_{わたし}はこんな暑_{あつ}さでは動_{うご}けない．

와타시와 콘나 아츠사데와 우고케나이

나는 이런 더위에서는 움직일 수가 없어.

0035 あつめる

[集める] 아츠메루
图 모으다, 수집하다

本田_{ほんだ}さんは趣味_{しゅみ}できれいな蝶々_{ちょうちょ}を集_{あつ}めている．

혼다상와 슈미데 키레이나 쵸-쵸오 아츠메테이루

혼다씨는 취미로 예쁜 나비를 모은다.

0036 あと

[後] 아토 图 나중에, 후, 뒤

また後_{あと}で．

마타 아토데

나중에 또 보자.

0037

あな

[穴] 아나 몡 구멍

穴があるから気をつけて!
아나가 아루카라 키오츠케테
구멍이 있으니까 조심해!

0038

あなた

아나타 대 당신, 너

私は少年で、あなたは少女だ.
와타시와 쇼-넹데 아나타와 쇼-죠다
나는 소년이고, 너는 소녀다.

0039

あね

[姉] 아네 몡 누이, 누나, 언니

スーヒョンは僕の姉だ.
수횽와 보쿠노 아네다
수현는 내 누이다.

0040 アパート

apartment 아파-토 명 아파트

木村(きむら)さんはあのアパートに住(す)んでいる.
키무라상와 아노 아파-토니 순데이루
키무라씨는 저 아파트에 산다.

0041 あひる

[家鴨] 아히루 명 오리

家鴨(あひる)はガァガァと鳴(な)く.
아히루와 가-가-토 나쿠
오리는 꽥꽥하고 운다.

0042 アフリカ

Africa 아후리카 명 아프리카

マンデラさんはアフリカ出身(しゅっしん)だ. 彼(かれ)はアフリカ人(じん)だ.
만데라상와 아후리카슛신다.
카레와 아후리카진다
만델라씨는 아프리카 출신이다. 그는 아프리카인이다.

あまい

[甘い] 아마이 〖형〗달다, 달콤하다

甘いのばかり食べると歯に悪いぞ.
아마이노 바카리 타베루토 하니 와루이조
단 것만 먹으면 치아에 나빠.

あまぎ

[雨着] 아마기 〖명〗비옷

雨の日にドンスは雨着を着た.
아메노 히니 동수와 아마기오 키타
비오는 날에 동수는 비옷을 입었다.

あまり

아마리 〖부〗그다지, 별로

これはあまり良くないとおもう.
코레와 아마리 요쿠나이토 오모우
이건 별로 좋지 않다고 생각해.

0046 あめ

[雨] 아메 몡 비

今日は雨が降りそうだ.
쿄-와 아메가 후리소-다
오늘은 비가 올 것 같다.

0047 あめ

[飴] 아메 몡 사탕

お母さん、飴もう一つ食べてもいい?
오카-상 아메 모- 히토츠 타베테모 이-?
엄마, 사탕 한 개 더 먹어도 돼?

0048 アメリカ

America 아메리카
몡 아메리카, 미국

私はアメリカに行きたい.
와타시와 아메리카니 이키타이
나는 미국에 가고 싶다.

0049

あらい

[荒い] 아라이 [형] 거칠다

この道は荒い.
코노 미치와 아라이
이 길은 거칠다.

0050

あらう

[洗う] 아라우 [동] 씻다

食べる前に手をちゃんと洗いなさい.
타베루 마에니 테오 찬토 아라이나사이
먹기 전에 손을 깨끗이 씻으렴.

0051

あらし

[嵐] 아라시 [명] 폭풍우

嵐が急に船をおそった.
아라시가 큐-니 후네오 오솟타
폭풍우가 갑자기 배를 덮쳤다.

0052 あり

[蟻] 아리 명 개미

蟻は一所懸命働くと知られている.
아리와 잇쇼켐메- 하타라쿠토 시라레테이루
개미는 열심히 일하는 것으로 알려져 있다.

0053 ありがとう

아리가토- 감 감사합니다, 고마워

お父さん、お母さんありがとう.
오토-상, 오카-상 아리가토-
아버지, 어머니 감사합니다.

0054 あるく

[歩く] 아루쿠 동 걷다

彼女は道にそって歩く.
카노죠와 미치니 솟테 아루쿠
그녀는 길을 따라 걷는다.

0055 アルバム

album 아르바무 ^명 앨범

あなたの家族(かぞく)のアルバム見(み)せて.
아나타노 카조쿠노 아르바무 미세테
너의 가족 앨범 좀 보여줘.

0056 アルファベット

alphabet 아르화벳토 ^명 알파벳

あなたはアルファベットが分(わ)かる?
아나타와 아르화벳토가 와카루?
너는 알파벳을 아니?

0057 あわ

[泡] 아와 ^명 거품

この石鹸(せっけん)は泡(あわ)がよくでる.
코노 셋켕와 아와가 요쿠 데루
이 비누는 거품이 잘 난다.

0058 あんぜん

[安全] 안젱 명 안전

もう安全だから、泣かないで.
모- 안젠다카라 나카나이데
이제 안전하니까 울지마.

0059 あんないする

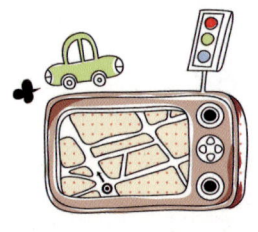

[案内する] 안나이수루 동 안내하다

私が車で案内するよ.
와타시가 쿠루마데 안나이수루요
내가 차로 안내할께요.

い

0060 いい

이- 〖형〗 좋다, 괜찮다

今日はいい天気だね。
쿄-와 이-텡키다네
오늘은 좋은 날씨구나.

0061 いいえ

이-에 〖감〗 아니오, 아니

いいえ、私は大丈夫です。
이-에, 와타시와 다이죠-부데스
아뇨, 나는 괜찮아요.

0062 いえ

[家] 이에 **명** 집

彼女の家は貧乏だ。
카노죠노 이에와 빔보-다
그녀의 집은 가난하다.

0063 いきがいい

[生きが良い] 이키가이-
형 싱싱하다, 생기 있다

この魚、生きがいいね。
코노 사카나, 이키가이-네
이 고기 싱싱하네.

0064 いきている

[生きている] 이키테이루 **동** 살아있다

私は生きているわにを見た。
와타시와 이키테이루와니오 미타
나는 살아있는 악어를 봤다.

0065 いきなり

이키나리 〖부〗 돌연, 갑자기

いきなり泣く彼にびっくりした.
이키나리 나쿠 카레니 빅쿠리시타
그가 갑자기 울어서 놀랬다.

0066 イギリス

이기리스 〖명〗 영국

おじさんはイギリスに住んでいる.
오지상와 이기리스니 순데이루
삼촌은 영국에 산다.

0067 いきる

[生きる] 이키루 〖동〗 살다

魚は水の中で生きる.
사카나와 미즈노 나카데 이키루
물고기는 물 속에서 산다.

0068

いく

[行く] 이쿠 동 가다

どこに行くの?
도코니 이쿠노?
어디에 가니?

0069

いけ

[池] 이케 명 연못

林の中に池がある.
하야시노 나카니 이케가 아루
숲 속에 연못이 있다.

0070

いし

[石] 이시 명 돌

この石は小さくて、きれい.
코노 이시와 치-사쿠테 키레이
이 돌은 작고 예쁘다.

0071 いしゃ

[医者] 이샤 명 의사

お医者さんが何の問題も無いと言ったから、大丈夫だよ．

오이샤상가 난노 몬다이모 나이토 잇타카라 다이죠-부다요

의사선생님이 아무런 이상도 없다고 했으니까 괜찮아.

0072 いしょう

[衣装] 이쇼- 명 의상

フンシはピエロの衣装をしてる．

훙시와 피에로노 이쇼-오 시테루

훙시는 삐에로 의상을 입고 있다.

0073 いす

[椅子] 이스 명 의자

椅子に座って下さい．

이스니 수왓테 쿠다사이

의자에 앉아 주세요.

0074

いそがしい

[忙しい] 이소가시- 형 바쁘다

お父さんはいつも忙しい.
오토-상와 이츠모 이소가시-
아빠는 항상 바쁘다.

0075

いそぐ

[急ぐ] 이소구 동 서두르다

急いで、遅刻しちゃうよ.
이소이데, 치코쿠 시챠우요
서둘러. 지각할거야.

0076

いたい

[痛い] 이타이 형 아프다

彼女はお腹が痛くて来れないよ.
카노죠와 오나카가 이타쿠테 코레나이요
그녀는 배가 아파서 올 수 없어.

0077 いただき

[頂] 이타다키 　명 꼭대기, 정상

山の頂にやっと着いた.
야마노 이타다키니 얏토 츠이타
산 정상에 막 도착했다.

0078 いち

[一] 이치 　명 하나, 1

3引く2は1だ.
상 히쿠 니와 이치다
3 빼기 2는 1이다.

0079 いちいん

[一員] 이치인 　명 일원

私は家族の一員だ.
와타시와 카조쿠노 이치인다
나는 가족의 일원이다.

いちがつ

[一月] 이치가츠 ㈅ 1월

一月は一年の中で一番目の月だ.
이치가츠와 이치넨노 나카데 이치방메노 츠키다
1월은 1년 중 첫 번째 달이다.

いちご

[苺] 이치고 ㈅ 딸기

私は苺ミルクを飲みます.
와타시와 이치고 미루쿠오 노미마스
저는 딸기 우유를 마시겠어요.

いちど

[一度] 이치도 ㈅ 한 번

もう一度私を見て.
모- 이치도 와타시오 미테
다시 한 번 나를 봐봐.

0083 いちにち

[一日] 이치니치　명 하루

一日中寝るのはひどくない?
이치니치쥬 네루노와 히도쿠나이?
하루 종일 자는 건 너무하지 않아?

0084 いちば

[市場] 이치바　명 시장

母は市場へ買い物に行きました.
하하와 이치바에 카이모노니 이키마시타
엄마는 장을 보기 위해 시장에 가셨습니다.

0085 いちばん

[一番] 이치방　명 가장, 첫 번째, 최고

彼女は歌手で人気が一番だ.
카노죠와 카슈데 닝키가 이치방다
그녀는 가수로 인기가 최고다.

0086 いちぶ

[一部] 이치부 명 일부

インチョンは韓國の一部である.
かんこく　　いちぶ

인청와 캉코쿠노 이치부데아루
인천은 한국의 일부이다.

0087 いちまい

[一枚] 이치마이 명 한 장

部屋から紙一枚持ってきて.
へや　　かみ いちまいも

헤야카라 카미 이치마이 못테 키테
방에서 종이 한 장 가져와줘.

0088 いちまん

[一万] 이치망 명 1만, 10000

お年玉で一万円もらった.
としだま　　いちまんえん

오토시다마데 이치망엥 모랏타
새뱃돈으로 1만엔 받았다.

0089 いつ

이츠 [대] 언제

このコートいつ買ったの?
코노 코-토 이츠 캇타노?
이 코트 언제 산거야?

0090 いっしょ

[一緒] 잇쇼 [부] 같이, 함께

一緒に行こう.
잇쇼니 이코-
같이 가자.

0091 いっぱい

입파이 [부] 아주, 매우

ゴミ箱がゴミでいっぱいだ.
고미바코가 고미데 입파이다
휴지통이 쓰레기로 가득 찼다.

0092 いつも

이츠모 부 항상, 언제나

母<ruby>はは</ruby>はいつも一番<ruby>いちばん</ruby>早<ruby>はや</ruby>く起<ruby>お</ruby>きる.

하하와 이츠모 이치방 하야쿠 오키루

엄마는 항상 제일 먼저 일어나신다.

0093 いとこ

이토코 명 사촌

この子<ruby>こ</ruby>は私<ruby>わたし</ruby>のいとこのりえだよ.

코노코와 와타시노 이토코노 리에다요

얘는 내 사촌 리에야.

0094 いない

[以内] 이나이 명 이내

5分以内<ruby>ごふんいない</ruby>にして下<ruby>くだ</ruby>さい.

고훈 이나이니 시테쿠다사이

5분 이내로 끝내주세요.

0095 いなか

[田舎] 이나카 몡 시골

彼は汽車で田舎に行く.
카레와 키샤데 이나카니 이쿠
그는 기차로 시골에 간다.

0096 いなくなる

이나쿠나루 동 사라지다, 없어지다

あなたはまだいなくなった犬を探しているの?
아나타와 마다 이나쿠낫타 이누오 사가시테이루노?
너는 아직 사라진 개를 찾고 있니?

0097 いなずま

[稲妻] 이나즈마 몡 번개

木に稲妻が落ちた.
키니 이나즈마가 오치타
나무가 번개를 맞았다.

0098 いぬ

[犬] 이누 명 개

私の犬はとてもかわいい.
와타시노 이누와 토테모 카와이-
내 개는 매우 귀엽다.

0099 いま

[今] 이마 명 지금

私今行かないと. お母さんが待っている.
와타시 이마 이카나이토. 오카-상가 맛테이루
나 지금 가야해. 엄마가 기다리셔.

0100 いままで

[今まで] 이마마데 부 이제까지, 지금까지

今まで演奏会とか行ったことある?
이마마데 엔소-카이토카 잇타코토 아루?
지금까지 연주회 등에 가 본적 있어?

0101 いみ

[意味] 이미 명 의미

意味_{いみ}がゆからない.
이미가 와카라나이
의미를 모른다.

0102 いりぐち

[入口] 이리구치 명 입구

すみません、映画館_{えいがかん}の入口_{いりぐち}はどこですか.
스미마셍 에-가캉노 이리구치와 도코데스카?
실례합니다. 영화관 입구는 어디입니까?

0103 イルカ

이루카 명 돌고래

イルカは人_{ひと}を怖_{こわ}がらない.
이루카와 히토오 코와가라나이
돌고래는 사람을 무서워하지 않는다.

0104 **いろ** [色] 이로 　명 색, 색깔

みどり
[緑] 미도리　녹색

あか
[赤] 아카　빨강

くろ
[黒] 쿠로　검정

むらさき
[紫] 무라사키　보라색

きいろ
[黄色] 키-로　노랑

あお
[青] 아오　파란색

ねずみいろ
[鼠色] 네즈미이로　회색

ちゃいろ
[茶色] 챠이로　갈색

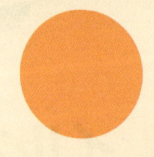
オレンジいろ
[オレンジ色]
오렌지이로　주황색

そらいろ
[空色] 소라이로　하늘색

いわ

[岩] 이와　명 바위

あの岩でちょっと休んで行こう.

아노 이와데 춋토 야슨데 이코-

저 바위에서 조금 쉬었다 가자.

インク

ink　잉쿠　명 잉크

彼女は自分の名前をインクで書いた.

카노죠와 지분노 나마에오 잉쿠데 카이타

그녀는 자기 이름을 잉크로 썼다.

インチ

inch　인치　명 인치

お父さんの腰のサイズは36インチだ.

오토-상노 코시노 사이즈와 산쥬-로쿠인치다

아빠의 허리 사이즈는 36인치다.

0108 インディアン

indian 인디앙 명 인디언

インディアンは乗馬が
上手だ.
인디앙와 죠-바가 죠-즈다
인디언은 말을 잘 탄다.

0109 いんどう

[引導] 인도- 명 인도

私はあなたの引導にした
がう.
와타시와 아나타노 인도-니 시타가우
나는 당신의 인도에 따르겠어.

う

0110 ウール

wool 우-루 명 울, 양모

この服はウールで作られている.
코노 후쿠와 우-루데 츠쿠라레테이루
이 옷은 양모로 만들어졌다.

0111 うえ

[上] 우에 명 위

飴のビンはあなたの手のすぐ上にあるよ.
아메노 빙와 아나타노 테노 수구 우에니 아루요
사탕단지는 네 손 바로 위에 있어.

0112 うく

[浮く] 우쿠 동 (물에) 뜨다

この種類の木も水に浮きますか.

코노 슈루이노 키모 미즈니 우키마스카

이런 종류의 나무도 물에 뜹니까?

0113 うごく

[動く] 우고쿠 동 움직이다

首が動かないよ. どうしよう.

쿠비가 우고카나이요. 도-시요-

목이 안 움직여. 어떡하지?

0114 うさぎ

[兎] 우사기 명 토끼

兎は長い耳をもっている.

우사기와 나가이 미미오 못테이루

토끼는 긴 귀를 가지고 있다.

0115 うし

[牛] 우시 명 소

牛が野原で寝ている.
우시가 노하라데 네테이루
소가 들에서 자고 있다.

0116 うしろ

[後ろ] 우시로 명 뒤

ドアの後ろに誰がいるのか分かる.
도아노 우시로니 다레가 이루노카 와카루
문 뒤에 누가 있는지 안다.

0117 うすい

[薄い] 우수이 형 얇다

あの本は薄くて一気に読めそうだ.
아노 홍와 우수쿠테 익키니 요메소-다
저 책은 얇아서 읽기 쉬울 거 같다.

0118 うそ

[嘘] 우소 명 **거짓말**

彼女はいつも嘘ばかり言う.
카노죠와 이츠모 우소바카리 이우
그녀는 항상 거짓말만 한다.

0119 うた

[歌] 우타 명 **노래**

彼女はいつも歌を歌う.
카노죠와 이츠모 우타오 우타우
그녀는 늘 노래를 부른다.

うちゅう [宇宙]

우츄-

명 우주

うちゅうひこうし
[宇宙飛行士] 우츄-히코-시
우주비행사

うちゅうふく
[宇宙服] 우츄-후쿠
우주복

うちゅうステーション
[宇宙ステーション]
우츄-스테-숑 우주 정거장

うちゅうせん
[宇宙船] 우츄-셍
우주선

0121 うちわ

[団扇] 우치와 명 부채

彼女は暑いので団扇で扇いでいる.

카노죠와 아츠이노데 우치와데 아오이데이루

그녀는 더워서 부채로 부채질을 하고 있다.

0122 うつ

[撃つ] 우츠 동 쏘다

彼は鳥に向けて撃ったが、逃がしてしまった.

카레와 토리니 무케테 웃타가 니가시테 시맛타

그는 새를 향해 쏘았지만, 놓치고 말았다.

0123 うつ

[打つ] 우츠 동 치다, 때리다

彼はボールを思い切り打った.

카레와 보-루오 오모이키리 웃타

그는 공을 있는 힘껏 쳤다.

0124 うつくしい

[美しい] 우츠쿠시- 형 아름답다

外の景色はとても美しい.
소토노 케시키와 토테모 우츠쿠시-
바깥의 경치는 너무 아름답다.

0125 うつわ

[器] 우츠와 명 그릇

この器には水が10リットル入る.
코노 우츠와니와 미즈가 쥬-릿토루 하이루
이 용기에는 물을 10리터 담을 수 있다.

0126 うで

[腕] 우데 명 팔

左の腕が痛い.
히다리노 우데가 이타이
왼쪽 팔이 아프다.

0127 うでどけい

[腕時計] 우데도케이 명 손목시계

父が私に腕時計を買ってくれた.
치치가 와타시니 우데도케이오 캇테 쿠레타
아빠가 저에게 손목시계를 사주셨다.

0128 うま

[馬] 우마 명 말

あの茶色の馬に乗りたい.
아노 챠이로노 우마니 노리타이
저 갈색 말을 타고 싶어.

0129 うまれる

[生まれる] 우마레루 동 태어나다

ぼくの弟は昨日うまれた.
보쿠노 오토-토와 키노- 우마레타
내 남동생은 어제 태어났다.

0130 **うみ**

[海] 우미 명 **바다**

夏休みに私は海へ行った.
나츠야수미니 와타시와 우미에 잇타
여름 방학에 나는 바다에 갔다.

0131 **うみべ**

[海辺] 우미베 명 **해변**

私達は海辺で楽しく遊んだ.
와타시타치와 우미베데 타노시쿠 아선다
우리들은 해변에서 즐겁게 놀았다.

0132 **うる**

[売る] 우루 동 **팔다, 판매하다**

食料品の店では食べ物を売る.
쇼쿠료-힌노 미세데와 타베모노오 우루
식료품 가게에서는 음식을 판다.

0133 うるさい

[煩い] 우루사이 [형] 시끄럽다

この音楽は煩い.
코노 옹가쿠와 우루사이
이 음악은 시끄럽다.

0134 うれしい

[嬉しい] 우레시이 [형] 기쁘다

彼女は嬉しくて飛び上がった.
카노죠와 우레시쿠테 토비 아갓타
그녀는 기뻐서 뛰었다.

0135 うわぎ

[上着] 우와기 [명] 상의, 윗도리

寒いから上着を着なさい.
사무이카라 우와기오 키나사이
추우니까 윗옷을 입어.

0136 うん

[運] 웅 명 운, 운수

今日は運がいい.
쿄-와 웅가 이-
오늘은 운이 좋다.

0137 うんてん

[運転] 운텡 명 운전

お父さんは安全運転をする.
오토-상와 안젱운텡오 수루
아빠는 안전운전을 하신다.

0138 うんてんしゅ

[運転手] 운텐슈 명 운전사

タクシーの運転手は
いつも親切だ.
타쿠시-노 운텐슈와 이츠모 신세츠다
택시 운전수는 늘 친절하다.

0139 # うんどう [運動] 운도- 명 운동

テニス
[tennis]
테니스 테니스

ラグビー
[rugby]
라구비- 럭비

すいえい
[水泳]
수이에이 수영

やきゅう
[野球]
야큐- 야구

サッカー
[soccer]
삭카- 축구

スキー
[ski] 스키-
스키

ボクシング
[boxing]
보쿠싱구 복싱

バレーボール
[volley ball]
바레-보-루 배구

スケーティング
[skating]
스케-팅구 스케이트

ラケットボール
[racket ball]
라켓토 보-루 라켓볼

レスリング
[wrestling]
레스링구 레슬링

ピンポン
핌퐁 탁구

え

0140 え

[絵] 에 명 그림

あの絵はとても美しい.
아노 에와 토테모 우츠쿠시-
저 그림은 매우 아름다워.

0141 えいが

[映画] 에이가 명 영화

今日映画見に行かない?
쿄- 에이가 미니 이카나이?
오늘 영화보러 가지 않을래?

それいいね.
소레 이-네 그거 좋네

0142 えいご

[英語] 에이고 <u>명</u> 영어

彼は英語が上手だ.
카레와 에이고가 죠-즈다
그는 영어를 잘한다.

0143 えいゆう

[英雄] 에이유- <u>명</u> 영웅

彼は私の英雄だ.
카레와 와타시노 에이유-다
그는 나의 영웅이다.

0144 えがく

[描く] 에가쿠, 카쿠 <u>동</u> (그림을)그리다

この絵は誰が描いたの?
코노 에와 다레가 카이타노?
이 그림은 누가 그렸어?

0145 えき

[駅] 에키　몡 역

駅まで行って汽車に乗る.
에키마데 잇테 키샤니 노루
역까지 가서 기차에 탄다.

0146 えさ

[餌] 에사　몡 먹이, 사료

あなた、犬に餌をあげたの?
아나타 이누니 에사오 아게타노?
너 개에게 먹이를 줬니?

0147 エスカレーター

escalator　몡 에스컬레이터
에스카레-타-

次の階までエスカレーターに乗ろう.
츠기노 카이마데 에스카레-타-니 노로-
다음 층까지 에스컬레이터를 타자.

0148

えだ

[枝] 에다 명 **나뭇가지**

ぶらんこをあの枝につるす.
부랑꼬오 아노 에다니 츠루수
그네를 저 가지에 매달다.

0149

エネルギー

energy 에네루기- 명 **에너지**

この町は電気エネルギーで動く.
코노 마치와 뎅키에네루기-데 우고쿠
이 도시는 전기에너지로 움직인다.

0150

エプロン

apron 에푸롱 명 **앞치마**

母はエプロンが似合う.
하하와 에푸롱가 니아우
엄마는 앞치마가 어울린다.

0151 えらばれる

[選ばれる] 에라바레루 동 뽑히다

ジンウは会長に選ばれた.
징우와 카이쵸-니 에라바레타
진우는 회장으로 선출되었다.

0152 えらぶ

[選ぶ] 에라부 동 고르다

何を食べるか選んでよ.
나니오 타베루카 에란데요
뭘 먹을지 골라바.

0153 エレベーター

elevator 에레베-타- 명 엘리베이터

エレベーターの中で騒ぐな.
에레베-타-노 나카데 사와구나
엘리베이터 안에서는 뛰지 마라.

0154 えん

[円] 엥　명 엔(일본의 화폐단위)

私_{わたし}は千円_{せんえん}も持っている.
와타시와 셍엥 못테이루
나는 천 엔을 가지고 있다.

0155 えん

[円] 엥　명 원

ノートに円_{えん}を書_かいて.
노-토니 엥오 카이테
노트에 원을 그려라.

0156 エンジン

engine 엔징　명 엔진

車_{くるま}が動_{うご}かないのはたぶんエンジンのせいだ.
쿠루마가 우고카나이노와 타붕 엔진노 세이다
차가 움직이지 않는 것은 아마도 엔진 때문이다.

0157 えんそく

[遠足] 엔소쿠 명 소풍

遠足に行こう.
엔소쿠니 이코-
소풍가자.

0158 えんとつ

[煙突] 엔토츠 명 굴뚝

サンタは煙突から入って
くる.
산타와 엔토츠카라 하잇테 쿠루
산타는 굴뚝에서 내려온다.

0159 えんぴつ

[鉛筆] 엠피츠 명 연필

鉛筆で答えを書いて.
엠피츠데 코타에오 카이테
연필로 답을 표시해.

お

0160 おい

[甥] 오이　명 남자 조카

彼は私の甥だ.
카레와 와타시노 오이다
그는 내 조카다.

0161 おいしい

[美味しい] 오이시-　형 맛있다

本当に美味しいりんごだ.
혼토-니 오이시- 링고다
정말 맛있는 사과구나.

0162 オイル

oil 오이루 명 오일

この表面にオイルを塗って下さい.
코노 효멘니 오이루오 눗테 쿠다사이
이 표면에 오일을 발라주세요.

0163 おうさま

[王様] 오-사마 명 왕, 임금

私は王様になりたい.
와타시와 오-사마니 나리타이
나는 왕이 되고 싶다.

0164 おうじ

[王子] 오-지 명 왕자

彼はイギリスの王子だ.
카레와 이기리스노 오-지다
그는 영국의 왕자다.

0165 おうせつま

[応接間] 오-세츠마 [명] 거실

おうせつま
応接間にはソファとテレビがある.
오-세츠마니와 소화토 테레비가 아루
거실에는 소파와 텔레비전이 있다.

0166 オウム

오우무 [명] 앵무새

とりかご なか いっぴき
鳥籠の中にをうむ一匹がいる.
토리카고노 나카니 오-무 입피키가 이루
새장 안에 앵무새 한 마리가 있다.

0167 おおい

[多い] 오-이 [형] 많다

わたし とも おお
私は友だちが多い.
와타시와 토모다치가 오-이
나는 친구가 많다.

0168 おおかみ

[狼] 오-카미 <u>명</u> 늑대

狼を見たことある?
오-카미오 미타코토 아루?
늑대를 본 적 있어?

0169 おおきい

[大きい] 오-키- <u>형</u> 크다

都市には大きい建物が
たくさんある.
도시니와 오-키이 타테모노가 타쿠상 아루
도시에는 큰 건물이 많이 있다.

0170 オーケストラ

orchestra <u>명</u> 오케스트라
오-케스토라

有名なオーケストラが
演奏している.
유-메이나 오-케스토라가 엔소-시테이루
유명한 오케스트라가 연주하고 있다.

0171 おおごえ

[大声] 오-고에 명 큰소리

教室では大声で話すな.
쿄-시츠데와 오-고에데 하나스나
교실에선 큰 소리로 말하지 마라.

0172 オートバイ

auto bicycle 명 오토바이
오-토바이

彼はオートバイに乗って行った.
카레와 오-토바이니 놋테 잇타
그는 오토바이를 타고 갔다.

0173 オートミール

oat meal 명 오트밀, 귀리
오-토미-루

私はオートミールが大好きだ.
와타시와 오-토미-루가 다이스키다
나는 오트밀이 제일 좋다.

0174 おかあさん

[お母さん] 오카-상 **명** 엄마

友だちのお母さんはとてもやさしい.
토모다치노 오카-상와 토테모 야사시-
친구네 어머니는 무척 상냥하시다.

0175 おかし

[お菓子] 오카시 **명** 과자

お菓子ばかり食べないで、ごはんを食べなさい.
오카시바카리 타베나이데 고항오 타베나사이
과자만 먹지 말고 밥을 먹어라.

0176 おかしい

[可笑しい] 오카시- **형** 이상하다, 웃기다

あの人は可笑しい.
아노 히토와 오카시-
저 사람은 이상하다.

0177 おかね

[お金] 오카네 <u>명</u> 돈

お金は財布の中にあるよ.
오카네와 사이후노 나카니 아루요
돈은 지갑 안에 있어.

0178 おきゃくさん

[お客さん] 오캬쿠상 <u>명</u> 손님

沢山のお客さんがデパートに来た.
타쿠상노 오캬쿠상가 데파-토니 키타
많은 손님이 백화점에 왔다.

0179 おきる

[起きる] 오키루 <u>동</u> 깨다, 일어나다

私は毎日目覚まし時計の音で起きる.
와타시와 마이니치 메자마시도케이노 오토데 오키루
나는 매일 자명종 소리에 깬다.

おく

[置く] 오쿠 [동] 놓다, 두다

彼女はセーターをベッドの
上に置いた.
카노죠와 세-타-오 벳도노 우에니 오이타
그녀는 스웨터를 침대 위에 놓았다.

おくさん

[奥さん] 오쿠상 [명] 부인, 아내

ケネディの奥さんはアメ
リカ人だ.
케네디노 오쿠상와 아메리카진다
케네디 부인은 미국인이다.

おくる

[送る] 오쿠루 [동] 보내다

なおこが私に手紙を送っ
てくれた.
나오코가 와타시니 테가미오 오쿳테 쿠레타
나오코가 나에게 편지를 보내줬다.

0183 おくれる

[遅れる] 동 늦다, 지각하다
오쿠레루

彼女はまた約束に遅れた.
카노죠와 마타 야쿠소쿠니 오쿠레타
그녀는 또 약속에 늦었다.

0184 おこった

[怒った] 동 화났다, 화냈다
오콧타

あなた、まだ私に怒ってる?
아나타 마다 와타시니 오콧테루?
너 아직도 나한테 화나있니?

0185 おこる

[起る] 오코루 동 일어나다, 발생하다

気をつけて、交通事故はいつでも起るから.
키오츠케테 코-츠-지코와 이츠데모 오코루카라
조심해. 교통사고는 언제라도 일어날 수 있어.

0186 おじいさん

[お祖父さん] 명 할아버지
오지-상

お祖父さんはひげが白い.
오지-상와 히게가 시로이
할아버지는 수염이 하얗다.

0187 おしえる

[教える] 오시에루　동 가르치다

キム先生は学校で何を教えますか。
키무센세이와 각코-데 나니오 오시에마스카?
김선생님은 학교에서 무엇을 가르치십니까?

0188 おじさん

[叔父, 伯父] 오지상　명 삼촌

彼は私のおじさんです。
카레와 와타시노 오지상데스
그는 제 삼촌이에요.

0189 おしり

[尻] 오시리　명 엉덩이

手をお尻に置きましょう。
테오 오시리니 오키마쇼-
손을 엉덩이에 얹으세요.

0190 おす

[押す] 오수 동 밀다

彼がいきなり背中を押して
私は転んでしまった.

카레가 이키나리 세나카오 오시테
와타시와 코론데 시맛타

그가 갑자기 등을 밀어서 나는 넘어졌다.

0191 おそい

[遅い] 오소이 형 느리다

地下鉄に乗って行こう.
バスは遅いから.

치카테츠니 놋테 이코-. 바스와 오소이카라

지하철을 타고 가자. 버스는 느리니까.

0192 おそらく

오소라쿠 부 아마도

おそらく彼女はここに来ないよ.

오소라쿠 카노죠와 코코니 코나이요

아마도 그녀는 여기에 오지 않을거야.

おそれ

[恐れ] 오소레 명 두려움

ジンスは蜘蛛に対して、大きな恐れを抱いている.

진수와 쿠모니 타이시테 오-키나 오소레오 다이테이루

진수는 거미에 대한 큰 두려움을 가지고 있다.

おっと

[夫] 옷토 명 남편

彼女の夫に会ったことある?

카노죠노 옷토니 앗타코토 아루?

그녀의 남편을 만난 적 있어요?

おでこ

오데코 명 이마

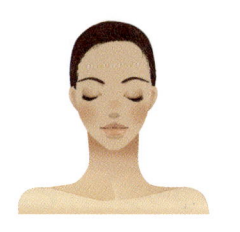

彼女のおでこは広い.

카노죠노 오데코와 히로이

그녀의 이마는 넓다.

0196 **おと** [音] 오토 명 소리

グツグツ
グツグツ
지글지글

シー
시- 쉿쉿

バンバン
방방 탕

ワハッハッハ
와핫핫하
하하하

パチパチ
파치파치
짝짝짝

ゴホンゴホン
고홍고홍
콜록콜록

ハックション
핫쿠숑 아츄, 에취

ワーイ
와-이 와아!

スースー
스-스- 쿨쿨

ワッ
왓
이크

ゴクンゴクン
고쿵고쿵
꿀꺽꿀꺽

ピカッ
피캇 쿵쾅

0197 **おとうさん**

[お父さん] 명 아빠, 아버지
오토-상

お父さんは真面目な人だ.
오토-상와 마지메나 히토다
아빠는 성실한 분이시다.

0198 **おとこ**

[男] 오토코 명 남자

あの男誰?
아노 오토코 다레?
저 남자 누구야?

0199 **おとす**

[落とす] 오토수 동 떨어뜨리다

皿を落としてしまった.
사라오 오토시테 시맛타
접시를 떨어뜨리고 말았다.

0200 おとな

[大人] 오토나 몡 어른, 대인

コーヒーは子供ではなく
大人のためのものだ.
코-히-와 코도모데와나쿠 오토나노 타메노 모노다
커피는 어린이가 아닌 어른을 위한 것이다.

0201 おどる

[踊る] 오도루 동 춤추다

私は彼女と曲に合わせて
踊った.
와타시와 카노죠토 쿄쿠니 아와세테 오돗타
나는 그녀와 곡에 맞춰서 춤췄다.

0202 おどろく

[驚く] 오도로쿠 동 놀라다

ジュンヒョンは私の犬に
驚いた.
준형와 와타시노 이누니 오도로이타
준형이는 내 개에게 놀랐다.

おなじ

[同じ] 오나지　[형동] 같다

あの双子(ふたご)は同(おな)じワンピースを着(き)ている.
아노 후타고와 오나지 완피-스오 키테이루
저 쌍둥이는 똑같은 원피스를 입고 있다.

おばあさん

[お祖母さん]　[명] 할머니
오바-상

お祖母(ばあ)さんは料理(りょうり)が上手(じょうず)だ.
오바-상와 료-리가 죠-즈다
할머니는 요리를 잘하신다.

おばさん

[伯母さん, 叔母さん] 오바상
[명] 숙모, 고모, 이모

私(わたし)はおばさんのためにおみやげを買(か)った.
와타시와 오바상노 타메니 오미야게오 캇타
나는 이모를 위해 선물을 샀다.

0206 おばさん

[小母さん] 오바상 몡 아주머니

おばさん、こんにちは.
오바상 콘니치와
아주머니 안녕하세요.

0207 おはよう ございます

오하요- 고자이마스
갑 안녕하세요(아침 인사)

おはようございます、
今日はいい天気ですね.
きょう　　　　てんき
오하요-고자이마스 쿄-와 이-텡키데스네
안녕하세요. 오늘은 좋은 날씨네요.

0208 おふろ

[お風呂] 오후로 몡 목욕, 목욕탕

私はお父さんとお風呂に
わたし　とう　　　　　ふろ
入った.
はい
와타시와 오토-상토 오후로니 하잇타
나는 아빠와 목욕탕에 들어갔다.

0209

おぼえる

[覚える] 오보에루 동 기억하다

私のこと覚えている?
와타시노 코토 오보에테이루?
날 기억하고 있니?

0210

おみやげ

[御土産] 오미야게
명 선물(여행지에서)

これは子供達の御土産だよ.
코레와 코도모타치노 오미야게다요
이건 아이들을 위한 선물이야.

0211

おもい

[重い] 오모이 형 무겁다

このかばんは本当に重い.
코노 카방와 혼토-니 오모이
이 가방은 정말 무겁다.

0212 おもさ

[重さ] 오모사 명 무게

この箱の重さはどのくらいなの?
코노 하코노 오모사와 도노쿠라이나노?
이 상자 무게는 어느정도야?

0213 おもしろい

[面白い] 오모시로이 형 재미있다

彼女は面白い人で、人気がある.
카노죠와 오모시로이 히토데, 닝키가아루
그녀는 재미있는 사람으로 인기가 있다.

0214 おもちゃ

[玩具] 오모챠 명 장난감

あの子は玩具で遊んでいるよ.
아노코와 오모챠데 아손데 이루요
저 애는 장난감으로 놀고 있어.

0215 およぐ

[泳ぐ] 오요구 동 수영하다, 헤엄치다

彼女は泳ぎ上手だ.
카노죠와 오요기 죠-즈다
그녀는 헤엄을 잘 친다.

0216 オレンジ

orange 오렌지 명 오렌지

私はオレンジジュースが好きだ.
와타시와 오렌지 쥬-스가 수키다
나는 오렌지 주스가 좋다.

0217 おんがく

[音楽] 옹가쿠 명 음악

この音楽はベートーベンが作曲したものだ.
코노 옹가쿠와 베-토-벵가 삭쿄쿠시타 모노다
이 음악은 베토벤이 작곡한 것이다.

0218 **おんど**

[温度] 온도 ⑲ 온도

この温度がぴったりだ.
코노 온도가 핏타리다
이 온도가 딱 맞다.

0219 **おんな**

[女] 온나 ⑲ 여자

教室に女の子が一人います.
쿄-시츠니 온나노 코가 히토리 이마스
교실에 여자 아이가 한 명 있습니다.

か

0220 カーテン

curtain 카-텡 명 커텐

カーテンを開けて下さい.
카-텡오 아케테 쿠다사이
커튼을 열어주세요.

0221 カード

card 카-도 명 카드

私はクリスマスカードを書いた.
와타시와 쿠리수마수 카-도오 카이타
나는 크리스마스 카드를 썼다.

0222 カーペット

carpet 카-펫토 _명 카펫

私は美しいペルシアのカーペットを持っている.
와타시와 우츠쿠시이 페루시아노 카-펫토 오 못테이루.
나는 아름다운 페르시안 카펫을 가지고 있다.

0223 かい

[階] 카이 _명 층

あなたの部屋は何階ですか.
아나타노 헤야와 낭가이데스카?
당신의 방은 몇 층 입니까?

0224 かいがん

[海岸] 카이강 _명 해안

私達は海岸に沿って行った.
와타시타치와 카이강니 솟테 잇타
우리들은 해안을 따라서 갔다.

0225 がいこく

[外国] 가이코쿠 　명 외국

韓国には外国人の学校はすくない.
캉코쿠니와 가이코쿠징노 각코-와 수쿠나이
한국에는 외국인 학교가 적다.

0226 かいしゃ

[会社] 카이샤 　명 회사

あなたはどこの会社に勤めていますか.
아나타와 도코노 카이샤니 츠토메테이마스카?
당신은 어디 회사에서 일하고 있습니까?

0227 かいだん

[階段] 카이당 　명 계단

スーヒョンは階段を上がっている.
수횽와 카이당오 아갓테이루
수현는 계단을 오르고 있다.

0228 かいちゅうでんとう

[懐中電灯] 카이츄-덴토-
명 손전등

暗い時には懐中電灯が必要だ.
쿠라이 토키니와 카이츄-덴토-가 히츠요-다
어두울 땐 손전등이 필요하다.

0229 かいぶつ

[怪物] 카이부츠 명 괴물

ジンウのニックネームは怪物だ.
징우노 닉쿠네-무와 카이부츠다
진우의 닉네임은 괴물이다.

0230 かう

[買う] 카우 동 사다

ジュンヒョンは彼女にあげる花を買う.
즁흉와 카노죠니 아게루 하나오 카우
준형이는 여자친구에게 줄 꽃을 산다.

0231

かえる

[帰る] 카에루
동 돌아가다, 돌아오다

あなたのお父さんは何時に家に帰る?

아나타노 오토-상와 난지니 이에니 카에루?

네 아버지는 몇 시에 집에 돌아오셔?

0232

かえる

[変える] 카에루 동 바꾸다

位置を変えよう.

이치오 카에요-

위치를 바꾸자.

0233

かえる

[蛙] 카에루 명 개구리

雨が降る時蛙は鳴く.

아메가 후루토키 카에루와 나쿠

비가 올 때 개구리는 운다.

0234 **かお** [顔] 카오　　　명 얼굴

かみのけ [髪の毛] 카미노케 머리카락

まゆげ [眉毛] 마유게 눈썹

め [目] 메 눈

はな [鼻] 하나 코

おでこ 오데코 이마

みみ [耳] 미미 귀

ほっぺた 홉페타 뺨

くちびる [唇] 쿠치비루 입술

0235 **かかく**

[価格] 카카쿠　명 가격

あの<ruby>人形<rt>にんぎょう</rt></ruby>の<ruby>価格<rt>かかく</rt></ruby>は<ruby>高<rt>たか</rt></ruby>い．
아노 닝교-노 카카쿠와 타카이
저 인형의 가격은 비싸.

0236

かがみ

[鏡] 카가미 명 거울

誰が私の鏡を割ったの?
다레가 와타시노 카가미오 왓타노?
누가 내 거울을 깼니?

0237

かかる

[掛る] 카카루
동 (노력, 시간 등이) 걸리다, 비용이 들다

これを全部買うにはどのくらい掛りますか.
코레오 젬부 카우니와 도노쿠라이 카카리마스카?
이것 전부 사려면 어느 정도 비용이 듭니까?

0238

かぎ

[鍵] 카기 명 열쇠

家の鍵をなくした.
이에노 카기오 나쿠시타
집 열쇠를 잃어버렸다.

0239 **かぐ** [家具] 카구 명 가구

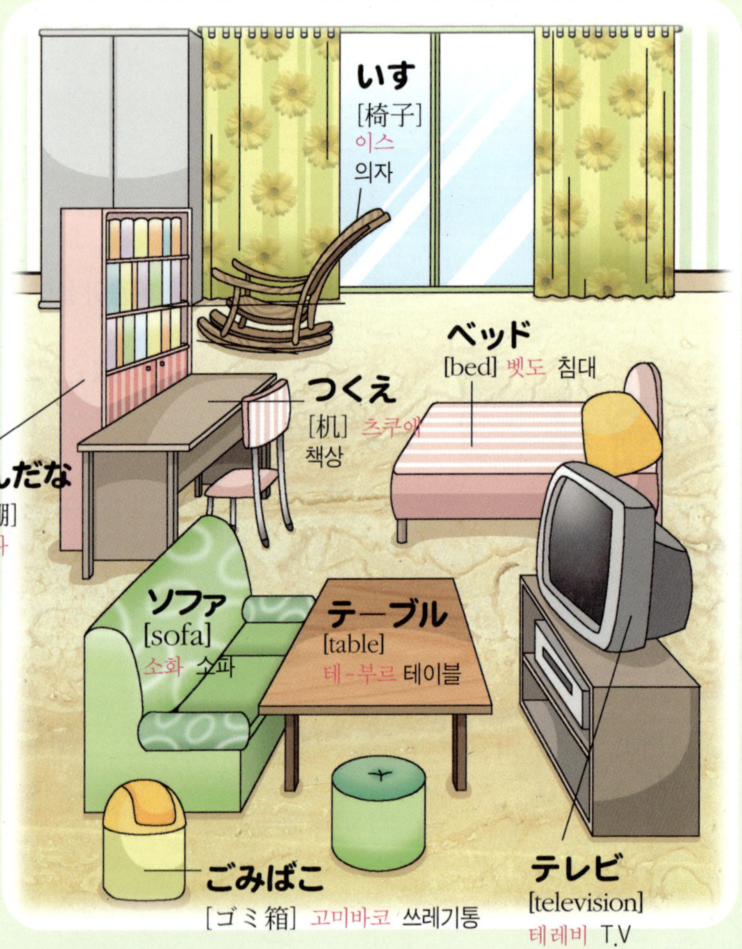

いす
[椅子]
이스
의자
ベッド
[bed] 벳도 침대
つくえ
[机] 츠쿠에
책상
ほんだな
[本棚]
혼다나
책장
ソファ
[sofa]
소화 소파
テーブル
[table]
테-부르 테이블
ごみばこ
[ゴミ箱] 고미바코 쓰레기통
テレビ
[television]
테레비 T.V

0240 かく

[書く] 카쿠　동 쓰다

彼は読むのも書くのも出来ない.

카레와 요무노모 카쿠노모 데키나이

그는 읽는 것도 쓰는 것도 할 수 없다.

0241 かくじつ

[確実] 카쿠지츠　명 확실

確実に彼は間違いなくあそこにいるよ.

카쿠지츠니 카레와 마치가이나쿠 아소코니 이루요

확실한건 그는 틀림없이 그곳에 있어.

0242 かくしん

[確信] 카쿠싱　명 확신

私はあなたが間違ったと確信する.

와타시와 아나타가 마치갓타토 카쿠싱수루

나는 네가 틀렸다고 확신해

0243 かくす

[隠す] 카쿠수 〔동〕 숨기다, 감추다

私は割れた皿を引き出しに隠した.

와타시와 와레타 사라오 히키다시니 카쿠시타
나는 깨진 접시를 서랍에 숨겼다.

0244 がくせい

[学生] 가쿠세이 〔명〕 학생

学生二人が走っている.

카구세이 후타리가 하싯테이루
학생 둘이 뛰고 있다.

0245 かくにん

[確認] 카쿠닝 〔명〕 확인

提出する前に答えをもう一度確認して下さい.

테이슈츠수루 마에니 코타에오 모-
이치도 카쿠닝시테쿠다사이
제출하기 전에 답을 한 번 더 확인해 주세요.

0246 **かげ**

[影] 카게 　명 그림자

私は自分の影にびっくりした.
와타시와 지붕노 카게니 빅쿠리시타
나는 내 그림자에 놀랬다.

0247 **かける**

[掛ける] 카케루 　동 덮다

赤ちゃんにふとんを掛けてよ.
아카창니 후통오 카케테요
아기한테 이불을 덮어줘.

0248 **かけら**

[欠片] 카케라 　명 조각

このガラスの欠片は危ない.
코노 가라스노 카케라와 아부나이
이 유리 조각은 위험해.

0249 かこ

[過去] 카코 명 과거

かれ か こ せんせい
彼は過去先生だった.
카레와 카코 센세이닷타
그는 과거에 선생님이었다.

0250 かご

[籠] 카고 명 바구니

かご なか なに
あの籠の中には何があり
ますか.
아노 카고노 나카니와 나니가 아리마스카
저 바구니 안에는 무엇이 있습니까?

0251 かさ

[傘] 카사 명 우산

あめ ふ かさ
雨が降るのに傘がない.
아메가 후루노니 카사가 나이
비가 내리는데 우산이 없다.

0252 かざる

[飾る] 카자루 동 장식하다, 꾸미다

私達(わたしたち)はクリスマスのために木(き)を飾(かざ)った.
와타시타치와 쿠리스마스노 타메니 키오 카잣타
우리들은 크리스마스를 위해 나무를 장식했다.

0253 かざん

[火山] 카잔 명 화산

火山(かざん)は山(やま)の種類(しゅるい)の一(ひと)つだ.
카잔와 야마노 슈루이노 히토츠다
화산은 산의 종류 중에 하나다.

0254 かじ

[火事] 카지 명 화재

昨日(きのう)大(おお)きい山火事(やまかじ)があった.
키노- 오-키- 야마카지가 앗타
어제 큰 산불이 있었다.

0255 ガス

gas 가스 몡 가스

ユジョンガスつけた.
유종와 가스 오 츠케타
유정이는 가스를 켰다.

0256 かす

[貸す] 카수 동 빌려주다

私に本を貸してくれないかな.
와타시니 홍오 카시테 쿠레나이카나
나에게 책 좀 빌려주지 않을래?

0257 かぜ

[風] 카제 몡 바람

風が強く吹いてる.
카제가 츠요쿠 후이테루
바람이 강하게 불고 있다.

0258 かぜ

[風邪] 카제 명 감기

私は風邪を引いてしまった.
와타시와 카제오 히-테 시맛타
나는 감기에 걸리고 말았다.

0259 カセット

cassette 카셋토 명 카셋트

カセットで音楽を聞く.
카셋토데 옹가쿠오 키쿠
카세트로 음악을 듣는다.

0260 かぞえる

[数える] 카조에루 동 세다

20まで数えて目を開けて.
니쥬-마데 카조에테 메오 아케테
20까지 세고 눈을 떠.

0261 **かぞく** [家族] 카조쿠 　명 가족

おじいさん
[お祖父さん]
오지-상 할아버지

おばあさん
[お祖母さん]
오바-상 할머니

おとうさん
[お父さん]
오토-상 아빠

おかあさん
[お母さん]
오카-상 엄마

おにいさん
[お兄さん]
오니-상 형, 오빠

おねえさん
[お姉さん]
오네-상 누나, 언니

いもうと
[妹] 이모-토
여동생

わたし
[私] 와타시
나

0262 ガソリン

gasoline 가소린
명 가솔린, 휘발유

車はガソリンが必要だ.
쿠루마와 가소링가 히츠요-다
차는 가솔린이 필요하다.

0263 かた

[肩] 카타 명 어깨

私は友だちの肩を借りた.
와타시와 토모다치노 카타오 카리타
나는 친구의 어깨를 빌렸다.

0264 かたい

[堅い] 카타이
형 단단하다, 딱딱하다

このパンは堅くて食べにくい.
코노 팡와 카타쿠테 타베니쿠이
이 빵은 딱딱해서 먹기 힘들다.

0265 かたつむり

[蝸牛] 카타츠무리 명 달팽이

雨の後蝸牛がいっぱい出てきた.
아메노 아토 카타츠무리가 입파이 데테키타
비가 온 후에 달팽이가 많이 나왔다.

0266 かたな

[刀] 카타나 명 칼

刀をもって遊ばないで.
카타나오 못테 아소바나이데
칼을 가지고 놀지마!

0267 がちょう

[鵞鳥] 가쵸- 명 거위

鵞鳥は家鴨と似ているが、もっと大きい.
가쵸-와 아히루토 니테이루가, 못토 오-키-
거위는 오리와 비슷하지만, 좀 더 크다.

かつ

[勝つ] 카츠 동 이기다

私が競争で 勝った.
와타시가 쿄-소-데 캇타
내가 경주에서 이겼어.

かっこいい

칵코이- 형 잘생기다, 멋지다

彼はとてもかっこいい.
카레와 토테모 캇코이-
그는 정말로 멋지다.

がっこう [学校] 각코- 명 학교

たいいく
[体育]
타이이쿠 체육

たいいくかん
[体育館]
타이이쿠캉 체육관

きょうむしつ
[教務室]
쿄-무시츠
교무실

てつぼう
[鉄棒]
테츠보- 철봉

ジャングルジム
[jungle gym]
쟝구루지무 정글짐

えいご
[英語] 에이고
영어

0271 かど

[角] 카도 명 **모퉁이**

次の角を曲がったらすぐです.
츠기노 카도오 마갓타라 수구데스
다음 모퉁이를 돌면 금방이에요.

0272 かなしい

[悲しい] 카나시이 형 **슬프다**

悲しいことだが、あなたの犬が死んだ.
카나시- 코토다가 아나타노 이누가 신다
슬픈 일이지만 네 개가 죽었어.

0273 かなづち

[金槌] 카나즈치 명 **망치**

あなたの金槌を使ってもいい?
아나타노 카나즈치오 츠캇테모 이-?
네 망치 좀 써도 될까?

0274 かならず

[必す] 카나라즈 부 반드시

彼は必ず来る.
카레와 카나라즈 쿠루
그는 반드시 온다.

0275 カナリア

canaria 카나리아 명 카나리아

君はカナリアがしゃべるのを見たことある?
키미와 카나리아가 샤베루노오 미타코토 아루?
넌 카나리아가 말하는 걸 본 적 있니?

0276 かに

[蟹] 카니 명 게

蟹はどんなふうに歩くか知ってる?
카니와 돈나 후-니 아루쿠카 싯테루?
게는 어떻게 걷는지 알아?

0277 かね

[金] 카네 図 돈

あなたお金いくら持っている?
아나타 오카네 이쿠라 못테루?
너 돈 얼마나 가지고 있어?

0278 かね

[鐘] 카네 図 종

どこかで鐘がなってるみたい.
도코카데 카네가 낫테루미타이
어디선가 종이 울리는 거 같다.

0279 かねもち

[金持ち] 카네모치 図 부자

彼は金持ちだ.
카레와 카네모치다
그는 부자다.

0280 かのじょ

[彼女] 카노죠 `대` 그녀

彼女へ拍手を送りましょう.
카노죠에 하쿠슈오 오쿠리마쇼-
그녀에게 박수를 보냅시다.

0281 かば

[河馬] 카바 `명` 하마

動物園に行ったら河馬を見ることができる.
도-부츠엔니 잇타라 카바오 미루코토가 데키루
동물원에 가면 하마를 볼 수 있다.

0282 かばん

[鞄] 카방 `명` 가방

鞄の種類は多い.
카방노 슈루이와 오-이
가방의 종류는 많다.

0283 かびん

[花瓶] 카빙 **명** 화병, 꽃병

誰が花瓶を割ったの?
다레가 카빙오 왓타노?
누가 꽃병을 깼니?

0284 かべ

[壁] 카베 **명** 벽

彼らは壁に色をぬっている.
카레라와 카베니 이로오 눗테이루
그들은 벽에 색을 칠하고 있다.

0285 かぼちゃ

[南瓜] 카보챠 **명** 호박

私はカボチャのスープが好きだ.
와타시와 카보챠노 수-푸가 수키다
나는 호박 스프를 좋아한다.

0286 **かみ**

[紙] 카미 명 종이

かみいちまいくだ
紙一枚下さい.
카미 이치마이 쿠다사이

종이 한 장 주세요.

0287 **かみさま**

[神様] 카미사마 명 하나님, 신

こだい　　　　　　　　　ひとたち
古代ギリシャの人達は
おお　　かみさま　つか
多くの神様に仕えた.
코다이 기리샤노 히토타치와 오-쿠노
카미사마니 츠카에타

고대 그리스 사람들은 많은 신들을 섬겼다.

0288 **かみのけ**

[髪の毛] 카미노케 명 머리카락

かのじょ　かみ　け　なが
彼女の髪の毛は長い.
카노죠노 카미노케와 나가이

그녀의 머리카락은 길다.

0289 かむ

[噛む] 카무　동 물다, 씹다

私は昨日犬に噛まれた.
와타시와 키노- 이누니 카마레타
나는 어제 개에게 물렸다.

0290 かめ

[亀] 카메　명 거북이

亀はゆっくり歩く.
카메와 육쿠리 아루쿠
거북이는 천천히 걷는다.

0291 カメラ

camera 카메라　명 카메라

ここで写真撮ろう.
カメラ持ってきて.
코코데 샤신 토로-. 카메라 못테키테
여기서 사진찍자. 카메라 가져와.

0292 かめん

[仮面] 카멩 **명** 가면

仮面をかぶっている女の人.
카멩오 카붓테이루 온나노 히토
가면을 쓴 여자.

0293 かもく

[科目] 카모쿠 **명** 과목

国語は私が大好きな科目だ.
코쿠고와 와타시가 다이수키나 카모쿠다
국어는 내가 제일 좋아하는 과목이다.

0294 ~かもしれない

[~かも知れない] 카모시레나이
동 ~일지도, 모른다

今日は雨が降るかも知れない.
쿄-와 아메가 후루카모 시레나이
오늘은 비가 내릴지도 모른다.

0295 **かゆい**

[痒い] 카유이 [형] 가렵다

足の指が痒い.
아시노 유비가 카유이
발가락이 가려워.

0296 **かようび**

[火曜日] 카요-비 [명] 화요일

父は火曜日に帰って来る.
치치와 카요-비니 카엣테쿠루
아버지는 화요일에 돌아오신다.

0297 **~から**

카라 [조] ~로부터

私の学校は家から3キロぐらいだ.
와타시노 각코-와 이에카라 상키로구라이다
내 학교는 집에서 3킬로 정도다.

から

[殻] 카라 명 껍데기

あの貝殻、私にくれる?
아노 카이가라 와타시니 쿠레루?
저 조개 껍데기 나한테 줄래?

からす

[烏] 카라수 명 까마귀

彼は烏みたいに黒い.
카레와 카라수미타이니 쿠로이
그는 까마귀처럼 검다.

0300 **からだ** [体] 카라다　　명 몸, 신체

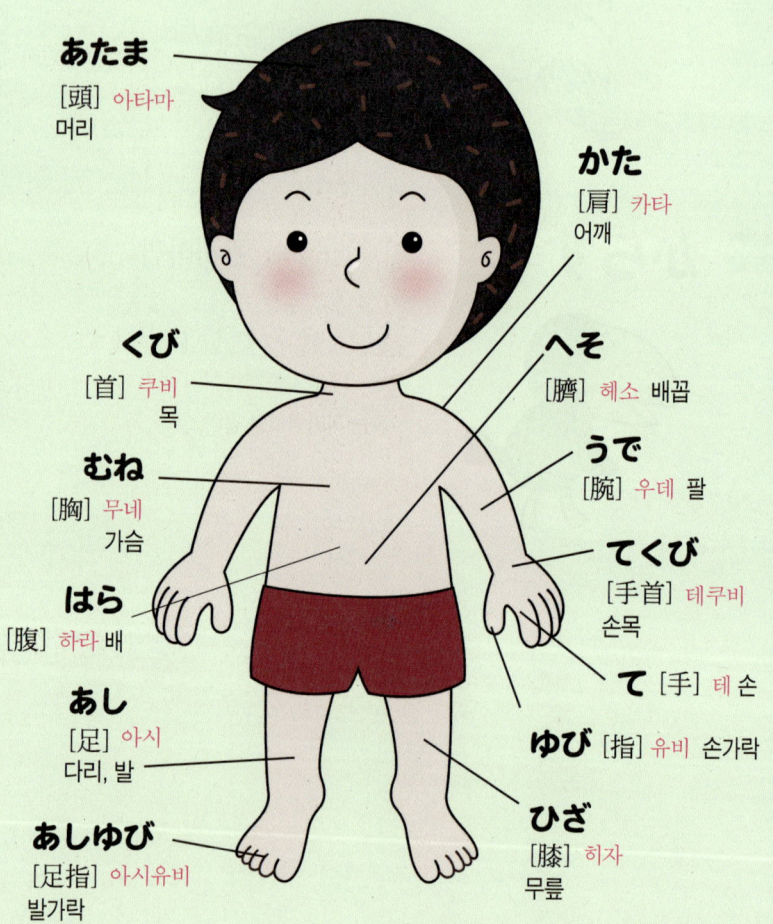

あたま [頭] 아타마 머리

かた [肩] 카타 어깨

くび [首] 쿠비 목

へそ [臍] 헤소 배꼽

むね [胸] 무네 가슴

うで [腕] 우데 팔

はら [腹] 하라 배

てくび [手首] 테쿠비 손목

て [手] 테 손

あし [足] 아시 다리, 발

ゆび [指] 유비 손가락

あしゆび [足指] 아시유비 발가락

ひざ [膝] 히자 무릎

0301 かり

[狩り] 카리 _명 사냥, 수렵

私達は明日兎を狩りに行く.

와타시타치와 아시타 우사기오 카리니 이쿠

우리들은 내일 토끼 사냥에 간다.

0302 かりる

[借りる] 카리루 _동 빌리다

田中君に本を借りた.

타나카쿤니 홍오 카리타

타나카에게 책을 빌렸다.

0303 かるい

[軽い] 카루이 _형 가볍다

紙一枚は軽い.

카미 이치마이와 카루이

종이 한 장은 가볍다.

0304 かれ

[彼] 카레 때 그

かれ　わたし　あに
彼は私の兄だ.
카레와 와타시노 아니다
그는 나의 형이다.

0305 カレンダー

calendar 카렌다-
명 캘린더, 달력

カレンダーであなたの
たんじょうび　かくにん
誕生日を確認して.
카렌다-데 아나타노 탄죠-비오 카쿠닝시테
달력에서 네 생일을 확인해봐.

0306 かわ

[川] 카와 명 강

かわ　ふね
川に船がたくさんある.
카와니 후네가 타쿠상 아루
강에 배가 많이 있다.

0307

かわいい

[可愛いい] 카와이-
형 귀엽다, 예쁘다

あの少女は可愛いい.
아노 쇼-죠와 카와이-
저 소녀는 귀엽다.

0308

かわかす

[乾かす] 카와카수 동 말리다

手を洗った後、乾かしてね.
테오 아랏타 아토 카와카시테네
손을 씻은 뒤에 말려.

0309

かわく

[乾く] 카와쿠
동 (목이) 마르다, 갈증 나다

何でも飲み物を下さい.
喉が乾いた.
난데모 노미모노오 쿠다사이. 노도가 카와이타
뭐라도 마실 것 좀 주세요. 목이 말라요.

0310 かわりに

[代わりに] 카와리니 🟦부 대신에

もしあなたが行かないなら、
私が代わりに行く.
모시 아나타가 이카나이나라
와타시가 카와리니 이쿠

만약 니가 안간다면 내가 대신 갈게

0311 かん

[缶] 캉 🟦명 깡통

あなたはあの缶開けれる.
아나타와 아노 캉 아케레루

넌 저 깡통을 딸 수 있니?

0312 かんがえる

[考える] 캉가에루 🟦동 생각하다

何を考えてるの?
나니오 캉가에테루노?

뭘 생각하니?

0313

かんげい

[歓迎] 캉게이 명 환영

韓国に来られたことを歓迎します.
캉코쿠니 코라레타코토오 캉게이시마스
한국에 오신 걸 환영합니다.

0314

かんこく

[韓国] 캉코쿠 명 한국

私達はみんな韓国に住んでいる.
와타시타치와 민나 캉코쿠니 순데이루
우리들은 모두 한국에 살고 있어.

0315

かんごく

[監獄] 캉고쿠 명 감옥

その泥棒は監獄に入ったよ.
소노 도로보-와 캉고쿠니 하잇타요
그 도둑은 감옥에 들어갔어.

0316 **かんこくじん** [韓国人] 캉코쿠징 명 한국인

彼女は韓国人だ．
카노죠와 캉코쿠징다
그녀는 한국인이다.

0317 **かんごし** [看護士] 캉고시 명 간호사

あの看護士はとても親切だ．
아노 캉고시와 토테모 신세츠다
저 간호사는 정말 친절하다.

0318 **かんしゃ** [感謝] 칸샤 명 감사

私は父と母に感謝している．
와타시와 치치토 하하니 칸샤시테이루
나는 엄마와 아빠께 감사하고 있다.

かんじる

[感じる] 칸지루
동 느끼다, 느껴지다

誰か見ているような感じがする.
다레카 미테이루요-나 칸지가 수루
누군가 보고있는 것 같이 느껴져.

かんぺき

[完璧] 캄페키   명 완벽

あなたの英語は完璧だ.
아나타노 에이고와 캄페키다
너의 영어는 완벽하다.

0321

き

[木] 키 **명** 나무

山には木がたくさんある.
야마니와 키가 타쿠상아루
산에는 나무가 많이 있다.

0322

きいろ

[黄色] 키-로 **명** 노란, 노란색

この蝶々は黄色い.
코노 쵸-쵸와 키-로이
이 나비는 노랗다.

0323 きおく

[記憶] 키오쿠 명 **기억**

私は記憶力がいい.
와타시와 키오쿠료쿠가 이-
나는 기억력이 좋다.

0324 きかい

[機械] 키카이 명 **기계**

これは洗濯をする機械です.
코레와 센타쿠오 수루 키카이데스
이것은 세탁하는 기계입니다.

0325 きかい

[機会] 키카이 명 **기회**

あなたが彼に会ういい機会だ.
아나타가 카레니 아우 이- 키카이다
네가 그를 만날 좋은 기회다.

0326 きがえる

[着替える] 키가에루
동 (옷을) 갈아입다

汚れたから、服を着替えなさい.
요고레타카라 후쿠오 키가에나사이
더러워졌으니 옷을 갈아입으렴.

0327 きがふれる

[気が触れる] 키가후레루
동 실성하다, 미치다

あの気が触れた人は無視して.
아노 키가후레타 히토와 무시시테
저 미친 사람은 무시해.

0328 きく

[聞く] 키쿠 동 듣다, 묻다

私は音楽を聞いている.
와타시와 옹가쿠오 키-테이루
나는 음악을 듣고 있다.

0329 **きけん**

[危険] 키켕　**명** 위험

気をつけて!
その機械は危険だ.
키오츠케테 소노 키카이와 키켄다
조심해! 그 기계는 위험해.

0330 **きしゃ**

[汽車] 키샤　**명** 기차

あの汽車を見て.
아노 키샤오 미테
저 기차를 봐

0331 **ぎじゅつしゃ**

[技術者] 키쥬츠샤　**명** 기술자

私はコンピューターの
技術者になりたい.
와타시와 콤퓨-타-노 키쥬츠샤니 나리타이
나는 컴퓨터 기술자가 되고 싶다.

0332

きせき

[奇跡] 키세키 _명 기적

それは奇跡だと言える.
소레와 키세키다토 이에루
그건 기적이라 말할 수 있어.

0333

きせつ

[季節] 키세츠 _명 계절

一年には春、夏、秋、冬の四つの季節がある.
이치넹니와 하루, 나츠, 아키, 후유노 욧츠노 키세츠가 아루
1년에는 봄, 여름, 가을, 겨울의 사계절이 있다.

0334

きた

[北] 키타 _명 북, 북쪽

北はどっちの方向なの?
키타와 돗치노 호-코-나노?
북쪽이 어느 방향이지?

0335 **ギター**

guitar 기타- 명 기타

あなたギター演奏できる?
아나타 기타- 엔소-데키루?
너 기타 칠 수 있니?

0336 **きたいする**

[期待する] 키타이수루
동 기대하다

両親は私が試験に合格するのを期待している.
료-싱와 와타시가 시켄니 고-카쿠수루노오 키타이시테이루
부모님은 내가 시험에 합격하기를 기대하고 계신다.

0337 **きたない**

[汚い] 키타나이
형 더럽다, 지저분하다

汚いからはやく拭きなさい.
키타나이카라 하야쿠 후키나사이
더러우니까 빨리 닦아라.

0338 ぎちょう

[議長] 기쵸- 명 의장

木村は議長に選ばれた.
키무라와 기쵸-니 에라바레타
키무라는 의장으로 선출되었다.

0339 きちんと

키친토 부 똑바른, 똑바르게

彼女はいつもきちんとしている.
카노죠와 이츠모 키친토시테이루
그녀는 언제나 똑바르다.

0340 きって

[切手] 킷테 명 우표

私の趣味は切手を集めることだ.
와타시노 슈미와 킷테오 아츠메루 코토다
내 취미는 우표를 모으는 것이다.

0341 きつね

[狐] 키츠네 ⓜ 여우

人々は狐が利口だと思っている.

히토비토와 키츠네가 리코-다토 오못테이루

사람들은 여우가 영리하다고 생각한다.

0342 きのう

[昨日] 키노- ⓜ 어제

私は昨日彼女を見た.

와타시와 키노- 카노죠오 미타

나는 어제 그녀를 보았다.

0343 きぼう

[希望] 키보- ⓜ 희망

どんな時でも希望は捨てないで.

돈나 토키데모 키보-와 수테나이데

어떤 때라도 희망은 버리지마.

0344 キャベツ

cabbage 캬베츠 명 양배추

このキャベツのサラダ
美味(おい)しい.
코노 캬베츠노 사라다 오이시-
이 양배추 샐러드 맛있다.

0345 キャンプ

camp 캼푸 명 캠프

キャンプに行(い)く準備(じゅんび)は
出来(でき)た?
캼푸니 이쿠 쥼비와 데키타
캠프 갈 준비가 되었니?

0346 きゅう

[九] 큐- 명 아홉, 9

私(わたし)は1(いち)から9(きゅう)まで数(かぞ)えた.
와타시와 이치카라 큐-마데 카조에타
나는 1부터 9까지 셌다.

0347 **きゅうきゅうしゃ**

[救急車] 큐-큐-샤 <mark>명</mark> **구급차**

救急車が走っている.
큐-큐-샤가 하싯테이루
구급차가 달리고 있다.

0348 **きゅうそく**

[休息] 큐-소쿠 <mark>명</mark> **휴식**

あなたには休息が必要だ.
아나타니와 큐-소쿠가 히츠요-다
너한테는 휴식이 필요해.

0349 **きゅうじつ** [休日] 큐-지츠 　명 휴일

しょうがつ [正月] 쇼-가츠 설날 1월1일

せいじんのひ [成人の日] 세-진노히 성인의 날 1월 둘째 주 월요일

けんこくきねんび [建国記念日] 켕코쿠키넴비 건국기념일 2월11일

しゅんぶんのひ [春分の日] 슌분노히 춘분의 날 3월12일경

けんぽうきねんび [憲法記念日] 켐포-키넴비 헌법기념일 5월3일

みどりのひ [緑の日] 미도리노히 자연의 날 5월4일

こどものひ [こどもの日] 코도모노히 어린이날 5월5일

うみのひ [海の日] 우미노히 바다의 날 7월 셋째 주 월요일

けいろうのひ [敬老の日] 케-로-노히 경로의 날

しゅうぶんのひ [秋分の日] 슈-분노히 추분의 날 9월23일경

たいいくのひ [体育の日] 타이이쿠노히 체육의 날 10월 둘째 주 월요일

ぶんかのひ [文化の日] 붕카노히 문화의 날 11월3일

きんろうかんしゃのひ [勤労感謝の日] 킹로-칸샤노히 근로자의 날 11월23일

てんのうたんじょうび [天皇誕生日] 텐노-탄죠-비 천황 탄생일 12월23일

0350

きゅうでん

[宮殿] 큐-뎅 명 궁전

宮殿は大きくて美しい.
큐-뎅와 오-키쿠테 우츠쿠시-
궁전은 크고 아름답다.

0351

ぎゅうにゅう

[牛乳] 규-뉴- 명 우유

私は毎日牛乳を飲む.
와타시와 마이니치 규-뉴-오 노무
나는 매일 우유를 마신다.

0352

きゅうり

[胡瓜] 큐-리 명 오이

胡瓜はあなたの健康にいい.
큐-리와 아나타노 켕코-니 이-
오이는 너의 건강에 좋아.

きょう

[今日] 쿄- 명 오늘

今日あなた何する?
쿄- 아나타 나니 수루?
오늘 너 뭐 할 거야?

きょうかい

[教会] 쿄-카이 명 교회

日曜日には必ず教会に行く.
니치요-비니와 카나라즈 쿄-카이니 이쿠
일요일에는 반드시 교회에 간다.

きょうかしょ

[教科書] 쿄-카쇼 명 교과서

私の日本語の教科書はどこにあるんだろう.
와타시노 니홍고노 쿄-카쇼와 도코니 아룬다로-
내 일본어 교과서는 어디에 있는 거지?

0356 きょうしつ

[教室] 쿄-시츠 명 교실

教室には学生が30人いる.
쿄-시츠니와 가쿠세-가 산쥬-닝이루
교실에는 학생이 30명 있다.

0357 きょうだい

[兄弟] 쿄-다이 명 형제

私達は兄弟だ.
와타시타치와 쿄-다이다
우리들은 형제다.

0358 きょうみ

[興味] 쿄-미 명 흥미, 관심

勉強に興味がある.
벵교니 쿄-미가 아루
공부에 흥미가 있다.

0359 きょうりゅう

[恐竜] 쿄-류- 명 공룡

最近恐竜が人気がある.
사이킹 쿄-류-가 닝키가 아루

요즘 공룡이 인기 있다.

0360 きょうりょく

[協力] 쿄-료쿠 명 협력

韓国と日本はいろいろ協力している.
캉코쿠토 니홍와 이로이로 쿄-료쿠시테이루

한국과 일본은 여러 가지로 협력하고 있다.

0361 きょじん

[巨人] 쿄징 명 거인

彼は巨人の話の本を読んでいる.
카레와 쿄징노하나시노 홍오 욘데이루

그는 거인이야기를 읽고 있다.

0362 きょだい

[巨大] 쿄다이 명 거대

この巨大な建物は私が働いている会社だ.
코노 쿄다이나 타테모노와 와타시가 하타라이테이루 카이샤다

이 거대한 건물은 내가 일하고 있는 회사다.

0363 きょねん

[去年] 쿄넹 명 작년

私は去年まで学生だった.
와타시와 쿄넹마데 가쿠세이닷타

나는 작년까지 학생이었다.

0364 きょり

[距離] 쿄리 명 거리

学校までの距離はどのくらいありますか.
각코-마데노 쿄리와 도노쿠라이 아리마스카?

학교까지의 거리는 어느 정도 입니까?

0365 きらいだ

[嫌いだ] 키라이다
[형동] 미워하다, 싫어하다

私は嘘をつく人が嫌いだ.
와타시와 우소오츠쿠히토가 키라이다
나는 거짓말을 하는 사람을 싫어한다.

0366 きらくだ

[気楽だ] 키라쿠다　[형동] 편하다

あなたは気楽な人だ.
아나타와 키라쿠나 히토다
당신은 편한 사람이다.

0367 きらめく

[煌めく] 키라메쿠　[동] 반짝이다

空に星が煌めいている.
소라니 호시가 키라메이테이루
하늘에 별이 반짝거리고 있다.

0368 きり

[霧] 키리 　명 안개

前は霧のために何にも見えない．

마에와 키리노 타메니 난니모 미에나이

앞은 안개 때문에 아무것도 안 보인다.

0369 きりん

[麒麟] 키링　명 기린

麒麟は首が長い．

키링와 쿠비가 나가이

기린은 목이 길다.

0370 きる

[切る] 키루　동 자르다, 베다

お母さんはケーキを切ってくれた．

오카-상와 케-키오 킷테쿠레타

엄마는 케익을 잘라주셨다.

0371 きる

[着る] 키루 [동] 입다

雨が降ってるから雨着を着なさい.
아메가 훗테루카라 아마기오 키나사이
비가 오니까 비옷을 입어라.

0372 きれいだ

[奇麗だ] 키레이다 [형동] 예쁘다

彼女はとても奇麗だ.
카노죠와 토테모 키레이다
그녀는 너무 예쁘다.

0373 きれいに

[奇麗に] 키레이니 [부] 깨끗하게

窓を奇麗に拭きなさい.
마도오 키레이니 후키나사이
창문을 깨끗하게 닦으세요.

0374 キロ

kilometer 키로
⑲ 킬로, 킬로미터

速度が時速110キロだよ.
소쿠도가 지소쿠 햐쿠줏키로다요
속도가 시속 110킬로미터야.

0375 きろく

[記録] 키로쿠 ⑲ 기록

私が言ったことちゃんと記録した?
와타시가 잇타코토 챤토 키로쿠 시타?
내가 말한 거 잘 기록했니?

0376 きをつける

[気を付ける] 키오츠케루
⑱ 조심하다

手切らないように気をつけて.
테 키라나이요-니 키오츠케테
손 잘리지 않게 조심해.

0377 **きん**

[金] 킹 명 금

母の指輪は金で作られている.
하하노 유비와와 킨데 츠쿠라레테이루
엄마의 반지는 금으로 만들어졌다.

0378 **ぎん**

[銀] 깅 명 은

これは銀で作った箸とスプーンだ.
코레와 긴데 츠쿳타 하시토 스푼다
이것은 은으로 만든 수저다.

0379 **ぎんこう**

[銀行] 깅코- 명 은행

私は銀行に貯蓄する.
와타시와 깅코-니 쵸치쿠수루
나는 은행에 저축한다.

0380 **きんじょ**

[近所] 킨죠 명 근처

近所にスーパーがある.
킨죠니 수-파-가 아루
근처에 슈퍼가 있다.

0381 **きんにく**

[筋肉] 킨니쿠 명 근육

運動を無理やりすると筋肉を痛めるから気をつけて.
운도-오 무리야리수루토 킨니쿠오 이타메루
카라 키오츠케테
운동을 무리하게 하면 근육이 다치니까 조심해.

0382 **きんようび**

[金曜日] 킹요-비 명 금요일

今日は金曜日!試験が終わる日だ.
쿄-와 킹요-비 시켕가 오와루 히다
오늘은 금요일! 시험이 끝나는 날이다.

0383 くうき

[空気] 쿠-키 명 공기

私は林の新鮮な空気が好きだ.
와타시와 하야시노 신센나 쿠-키가 스키다
나는 숲의 신선한 공기를 좋아한다.

0384 くうそう

[空想] 쿠-소- 명 공상

彼はいつも空想にふけっている.
카레와 이츠모 쿠-소-니 후켓테이루
그는 항상 공상에 잠겨 있다.

くうちゅう

[空中] 쿠-츄- 명 공중

風船が空中高く上がっていった.
후-셍가 쿠-츄- 타카쿠 아갓테잇타
풍선이 공중 높이 올라갔다.

クーポン

쿠-퐁 명 쿠폰

高級ホテルのクーポン券が当った.
코-큐- 호테루노 쿠-퐁켕가아탓다
고급호텔 쿠폰권이 당첨됐다.

クーラー

쿠-라- 명 쿨러

暑いからクーラーつけて.
아츠이카라 쿠-라- 츠케테
더우니까 쿨러 켜줘요.

0388 **くうこう** [空港] 쿠-코- 명 공항

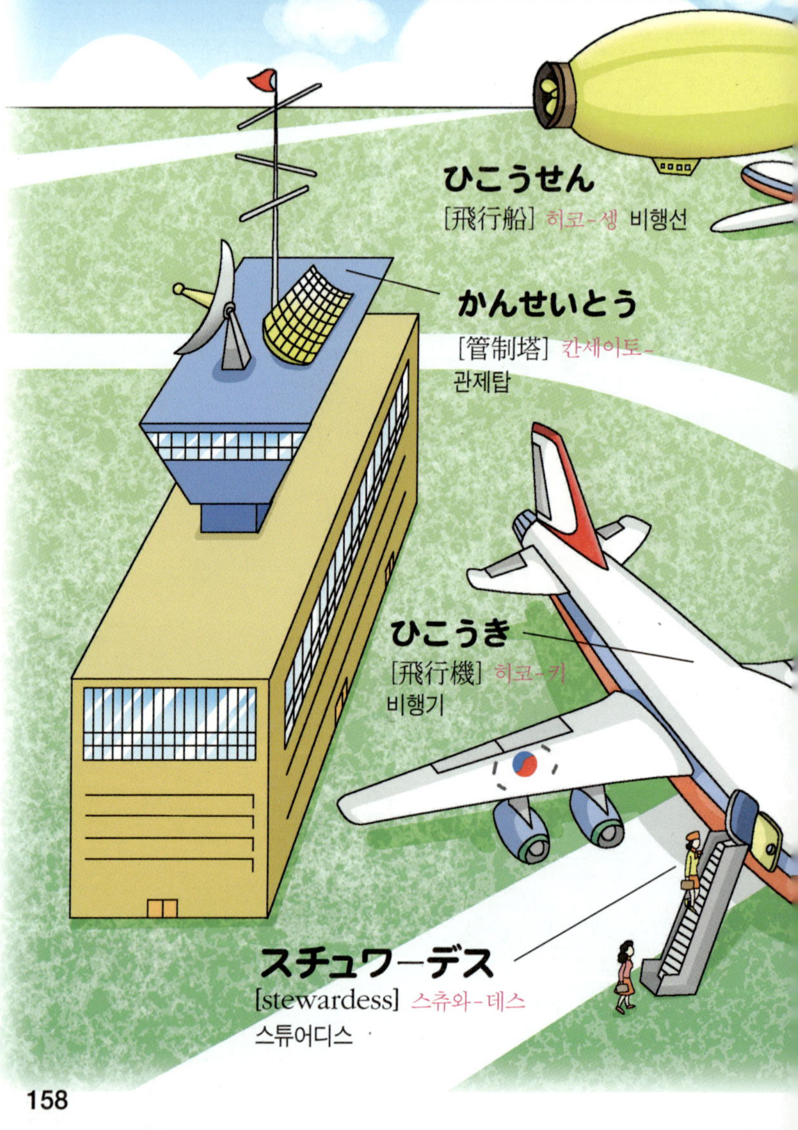

ひこうせん
[飛行船] 히코-셍 비행선

かんせいとう
[管制塔] 칸세이토-
관제탑

ひこうき
[飛行機] 히코-키
비행기

スチュワーデス
[stewardess] 스츄와-데스
스튜어디스

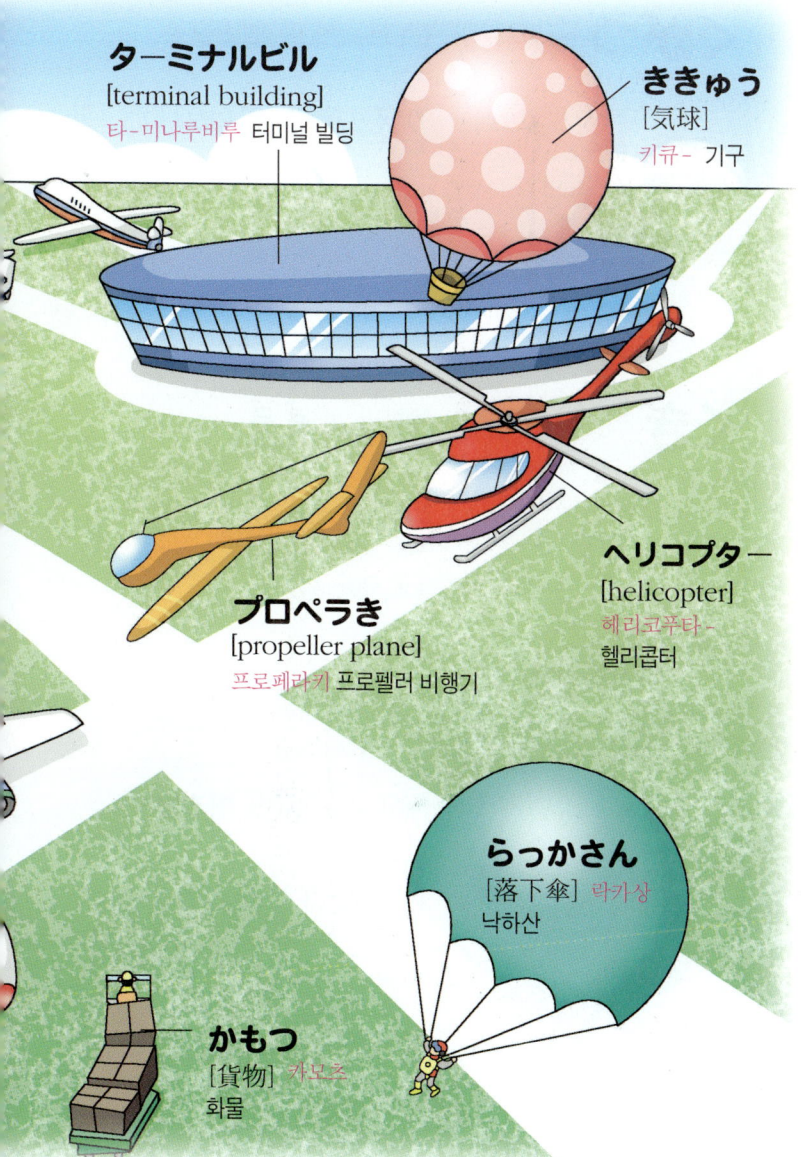

0389 くがつ

[九月] 쿠가츠 명 9월

りえの誕生日は9月だ.
리에노 탄죠-비와 쿠가츠다
리에 생일은 9월이다.

0390 くぎ

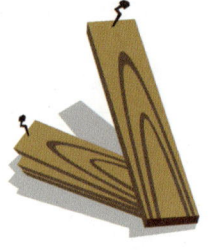

[釘] 쿠기 명 못

釘で手を怪我した.
쿠기데 테오 케가시타
못에 손을 다쳤다.

0391 くし

[櫛] 쿠시 명 빗, 머리빗

私の櫛見なかった?
와타시노 쿠시 미나캇타?
내 머리빗 못봤니?

くじら

[鯨] 쿠지라 명 고래

鯨は一番大きい動物だ.
쿠지라와 이치방 오-키이 도-부츠다
고래는 제일 큰 동물이다.

くすり

[薬] 쿠수리 명 약

頭が痛いなら薬でも飲んだら?
아타마가 이타이나라 쿠수리데모 논다라
머리가 아프다면 약이라도 먹는게 어때?

0394

くだもの [果物] 쿠다모노 명 과일

いちご
[苺] 이치고 딸기

りんご
[林檎] 링고
사과

バナナ
[banana] 바나나
바나나

ぶどう
[葡萄] 부도-
포도

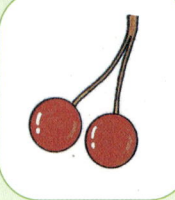

さくらんぼ
[桜桃] 사쿠람보
체리

すいか
[西瓜] 수이카
수박

もも
[桃] 모모 복숭아

キウイ
[kiwi] 키우이 키위

かき
[柿] 카키 감

0395 くち

[口] 쿠치 _명 입

口を塞いでよく聞いて.
쿠치오 후사이데 요쿠 키-테
입을 다물고 잘 들어봐

0396 くちびる

[唇] 쿠치비루 _명 입술

彼は転んで唇が切れた.
카레와 코론데 쿠치비루가 키레타
그는 넘어져서 입술이 찢어졌다.

0397 くちぶえ

[口笛] 쿠치부에 _명 휘파람

彼は口笛をふいた.
카레와 쿠치부에오 후이타
그는 휘파람을 불었다.

0398 **クッキー**

cookie 쿠키- 명 **쿠키**

このクッキーは全部家で
作ったのよ.
코노 쿡키-와 젬부 이에데 츠쿳타노요
이 쿠키 전부 집에서 만든 거야.

0399 **くに**

[国] 쿠니 명 **나라, 국가**

国と国はそれぞれ文化が
違う.
쿠니토 쿠니와 소레조레 붕카가 치가우
나라와 나라는 각각 문화가 다르다.

0400 **くび**

[首] 쿠비 명 **목**

彼は首が短い.
카레와 쿠비가 미지카이
그는 목이 짧다.

0401 くま

[熊] 쿠마 명 곰

本物の熊を見たことある?
홈모노노 쿠마오 미타코토 아루?
진짜 곰을 본 적 있니?

0402 くも

[雲] 쿠모 명 구름

今日は昨日より雲が多い.
쿄-와 키노-요리 쿠모가 오-이
오늘은 어제보다 구름이 많다.

0403 くらい

쿠라이 조 ~정도, ~만큼

りかは私くらいの背丈だ.
리카와 와타시쿠라이노 세타케다
리카는 나만큼 키가 크다.

0404 くらい

[暗い] 쿠라이 〔형〕 어둡다

冬はすぐ暗くなる.
후유와 수구 쿠라쿠나루
겨울은 금세 어두워진다.

0405 クラブ

club 쿠라부 〔명〕 클럽, 모임, 단체

私はサッカークラブに入りたい.
와타시와 삭카-쿠라부니 하이리타이
나는 축구 모임에 들고 싶어.

0406 クリーム

cream 쿠리-무 〔명〕 크림

私は生クリームが好きだ.
와타시와 나마 쿠리-무가 수키다
나는 생 크림을 좋아한다.

0407 クリスマス

Christmas 쿠리스마스
명 크리스마스, 성탄절

クリスマスは12月25日だ.
쿠리스마스와 쥬-니가츠 니쥬-고니치다
크리스마스는 12월 25일이다.

0408 くるま

[車] 쿠루마 명 차, 자동차

あの車は遅すぎる.
아노 쿠루마와 오소스기루
저 자동차는 너무 느리다.

0409 クレヨン

crayon 쿠레용 명 크레파스

お父さんが私にクレヨンを買ってくれた.
오토-상가 와타시니 쿠레용오 캇테 쿠레타
아빠가 나에게 크레용을 사주셨다.

0410 くろい

[黒い] 쿠로이 <u>형</u> 검다

私の猫の毛は黒い.
와타시노 네코노케와 쿠로이
내 고양이는 검은색이다.

0411 ぐんじん

[軍人] 군징 <u>명</u> 군인

おじは軍人だ.
오지와 군진다
삼촌은 군인이다.

け

0412 け

[毛] 케 명 털, 털가죽

羊の毛はとても柔らかい.
히츠지노 케와 토테모 야와라카이
양털은 정말 부드럽다.

0413 けいかく

[計画] 케-카쿠 명 계획

あなたの夏休みの計画は何?
아나타노 니츠야스미노 케-카쿠와 나니?
너의 여름방학 계획은 뭐니?

0414 けいさつかん

[警察官] 케이사츠캉
명 경찰관

警察官を事件の場所に
つれて行った.
케이사츠캉오 지켄노 바쇼니 츠레테 잇타
경찰관을 사건의 장소로 데리고 갔다.

0415 けいじ

[刑事] 케이지 명 형사

刑事は犯人を探している.
케이지와 한닝오 사가시테이루
형사는 범인을 찾고 있다.

0416 けいじばん

[掲示板] 케이지방 명 게시판

あなたの写真が掲示板に
はってあるよ.
아나타노 샤싱가 케이지반니 핫테아루요
네 사진이 게시판에 붙어있어.

0417

げいじゅつか

[芸術家] 게이쥬츠카 _명 예술가

私(わたし)は画家(がか)だ. 私(わたし)は芸術家(げいじゅつか)だ.
와타시와 가카다. 와타시와 게이쥬츠카다
나는 화가다. 나는 예술가다.

0418

けいびいん

[警備員] 케-비잉 _명 경비원

あの家(いえ)は警備員(けいびいん)が6人(ろくにん)もいる.
아노 이에와 케-비잉가 로쿠닝모 이루
저 집은 경비원이 여섯 명이나 있다.

0419

ケーキ

cake 케-키 _명 케이크

父(ちち)は果物(くだもの)のケーキが大好(だいす)きだ.
치치와 쿠다모노노 케-키가 다이스키다
아빠는 과일 케이크를 좋아하신다.

0420 ゲーム

game 게-무 명 게임

カードゲームしませんか.
카-도 게-무 시마셍카?
카드게임 안하실래요?

0421 けが

[怪我] 케가 명 상처

大勢の人達があの事故で怪我をした.
오-제이노 히토타치가 아노 지코데 케가오시타
많은 사람들이 그 사고에서 다쳤다.

0422 げきじょう

[劇場] 게키죠- 명 극장

一緒に劇場に行かない?
잇쇼니 게키죠-니 이카나이?
같이 극장에 안 갈래?

0423 けしき

[景色] 케시키　명 **경치**

この窓から見える景色はいい.

코노 마도카라 미에루 케시키와 이-
이 창문에서 보이는 경치는 좋다.

0424 けしごむ

[消ゴム] 케시고무　명 **지우개**

消ゴムは鉛筆で書いた字を消すのに使う.

케시고무와 엠피츠데 카이타 지오 케스노니 츠카우
지우개는 연필로 쓴 글씨를 지울 때 사용한다.

0425 けす

[消す] 케스　동 **(불을) 끄다**

明かりを消して.

아카리오 케시테
불을 꺼!

0426 けす

[消す] 케스 동 **지우다**

黒板に書いた名前消すなよ.
코쿠반니 카이타 나마에 케스나요
칠판에 적힌 이름 지우지마.

0427 げつ

[月] 게츠 명 **달, 월**

三ヶ月間中国語を習った.
상카게츠칸 츄-고쿠고오 나랏타
3개월간 중국어를 배웠다.

0428 けつえきがた

[血液型] 케츠에키가타
명 **혈액형**

私の血液型はO型だ.
와타시노 케츠에키가타와 오-가타다
내 혈액형은 O형이다.

0429 けっこん

[結婚] 켁콩 명 결혼

今日は両親の結婚記念日だ.
쿄-와 료-신노 켁콩키넴비다
오늘은 부모님의 결혼기념일이다.

0430 けっしん

[決心] 켓싱 명 결심

ハンナは一所懸命勉強すると決心した.
한나와 잇쇼켐메이 벵쿄-수루토 켓신시타
한나는 열심히 공부하겠다고 결심했다.

0431 けっせき

[欠席] 켓세키 명 결석

私は昨日病気で欠席した.
와타시와 키노- 뵤-키데 켓세키시타
나는 어제 병으로 결석했다.

0432 けってい

[決定] 켓테-이 〔명〕 결정

私^{わたし}はまだ 行^いくところを決定^{けってい}していない.

와타시와 마다 이쿠 토코로오 켓테-시테 이나이

나는 아직 갈 곳을 결정하지 못했다.

0433 げつようび

[月曜日] 게츠요-비 〔명〕 월요일

明日^{あした}は月曜日^{げつようび}だよ.

아시타와 게츠요-비다요

내일은 월요일이야.

0434 ける

[蹴る] 케루 〔동〕 (발로) 차다

彼^{かれ}は私^{わたし}を足^{あし}で蹴^けった.

카레와 와타시오 아시데 켓타

그는 나를 발로 찼다.

0435 けんか

[喧嘩] 켕카 명 싸움

私はあなたと喧嘩したくない.
와타시와 아나타토 켕카시타쿠나이
난 너와 싸우고 싶지 않아.

0436 けんめい

[賢明] 켐메이 명 현명

賢明な人ならできる.
켐메이나 히토나라 데키루
현명한 사람이라면 할 수 있다.

こ

0437 コアラ

koala 코아라 몡 코알라

コアラはとてもかわいい.
코아라와 토테모 카와이-
코알라는 정말 귀엽다.

0438 こいしがる

[恋しがる] 코이시가루
동 그리워하다

さようなら. あなたを恋しがるだろう.
사요-나라. 아나타오 코이시가루다로-
안녕. 너를 그리워할거야.

0439 **こいぬ**

[子犬] 코이누 명 강아지

私は子犬と遊ぶのが一番好きだ．
와타시와 코이누토 아소부노가 이치방 수키다
나는 강아지랑 노는 걸 제일 좋아한다.

0440 **こうえん**

[公園] 코-엥 명 공원

オリンピック公園で会おう．
오림픽쿠 코-엔데 아오-
올림픽 공원에서 보자.

0441 **こうかい**

[後悔] 코-카이 명 후회

そんなことで後悔したくない．
손나 코토데 코-카이시타쿠 나이
그런 일로 후회하고 싶지 않아.

0442 こうきしん

[好奇心] 코-키싱 명 호기심

ジンギョンは好奇心が多い子だ.
징꽁와 코-키싱가 오-이 코다
진경이는 호기심이 강한 아이다.

0443 こうし

[子牛] 코우시 명 송아지

今日子牛が生まれた.
쿄- 코우시가 우마레타
오늘 송아지가 태어났다.

0444 こうしょう

[高尚] 코-쇼- 명 고상

彼女は高尚な趣味を持っている.
카노죠와 코-쇼-나 슈미오 못테이루
그녀는 고상한 취미를 가지고 있다.

0445 こうじょう

[工場] 코-죠- 圐 공장

おじさんは自動車の工場で働いてる.
오지상와 지도-샤노 코-죠-데 하타라이테루
삼촌은 자동차 공장에서 일하신다.

0446 こうどう

[講堂] 코-도- 圐 강당

そのコンサートは講堂で開かれた.
소노 콘사-토와 코-도-데 히라카레타
그 콘서트는 강당에서 열렸다.

0447 こうふん

[興奮] 코우-훙 圐 흥분

興奮しないで, 落ち着けよ.
코-훈시나이데, 오치츠케요
흥분하지마. 침착해!

0448 こうへい

[公平] 코-헤이 명 공평

これは公平なことではない.
코레와 코-헤이나 코토데와 나이
이건 공평한 일이 아니야.

0449 こうりつ

[公立] 코-리츠 명 공립

私の学校は公立だ.
와타시노 각코-와 코-리츠다
내 학교는 공립이다.

0450 こえ

[声] 코에 명 소리

彼女は美しい声をしている.
카노죠와 우츠쿠시- 코에오 시테이루
그녀는 아름다운 목소리를 가지고 있다.

0451 コート

coat 코-토 몡 코트, 외투

外(そと)は寒(さむ)いから、コートを着(き)て行(い)きなさい.
소토와 사무이카라 코-토오 키테 이키나사이
밖은 추우니까 코트를 걸치고 가렴.

0452 コーヒー

coffee 코-히- 몡 커피

お父(とう)さんはコーヒーをいつも飲(の)みます.
오토-상와 코-히-오 이츠모 노미마스
아빠는 커피를 늘 마십니다.

0453 こおり

[氷] 코-리 몡 얼음

氷(こおり)が溶(と)ける.
코-리가 토케테루
얼음이 녹고 있어.

0454 こおる

[凍る] 코-루 동 얼다

寒<small>さむ</small>くて水<small>みず</small>が凍<small>こお</small>った.
사무쿠테 미즈가 코옷타
추워서 물이 얼었다.

0455 ごがつ

[五月] 고가츠 명 5월

韓国<small>かんこく</small>は5月8日<small>ごがつようか</small>は父母<small>ふぼ</small>の日<small>ひ</small>だ.
캉코쿠와 고가츠 요-카와 후보노히다
5월 8일은 어버이 날이다.

0456 こくばん

[黒板] 코쿠방 명 칠판

黒板<small>こくばん</small>に答<small>こた</small>えを書<small>か</small>きなさい.
코쿠방니 코타에오 카키나사이
칠판에 답을 쓰세요.

0457 こくみん

[国民] 코쿠밍 <u>명</u> 국민

大統領が国民の前で演説する.

코쿠민노 마에데 엔제츠수루

대통령이 국민 앞에서 연설한다.

0458 ここ

코코 <u>대</u> 여기

ここから出て行きなさい.

코코카라 데테이키나사이

여기서 나가세요!

0459 ごご

[午後] 고고 <u>명</u> 오후

彼は日曜日の午後からずっと寝た.

카레와 니치요-비노 고고카라 줏토 네타

그는 일요일 오후부터 쭉 잤다.

0460

ココア

cocoa 코코아 명 코코아

私はコーヒーよりココアの方が好き.
와타시와 코-히-요리 코코아노 호-가 스키
나는 커피보다 코코아 쪽이 좋다.

0461

こころ

[心] 코코로 명 마음

彼女は温かい心を持っている.
카노죠와 아타타카이 코코로오 못테이루
그녀는 따뜻한 마음을 가지고 있다.

0462

ごぜん

[午前] 고젱 명 오전

私はいつも午前6時に起きる.
와타시와 이츠모 고젠 로쿠지니 오키루
나는 항상 오전 6시에 일어난다.

0463

コップ

cup 콥푸 [명] 컵

コップに水を下さい.
콥푸니 미즈오 쿠다사이
컵에 물 좀 주세요.

0464

ことし

[今年] 코토시 [명] 올해

今年中学校に入る.
코토시 츄-각코-니 하이루
올해에 중학교에 들어간다.

0465

ことば

[言葉] 코토바 [명] 언어, 말

彼は三つの言葉が話せる.
카레와 밋츠노 코토바가 하나세루
그는 세 가지 언어를 말할 수 있다.

0466

こども

[子供] 코도모　명 어린이, 아이

コーヒーは子供が飲むものではない.
코-히-와 코도모가 노무 모노데와 나이
커피는 어린이가 마실 것이 아니다.

0467

こどもたち

[子供達] 코도모타치
명 어린이들, 아이들

子供達はプールで泳いでいる.
코도모타치와 푸-루데 오요이데이루
아이들은 수영장에서 수영하고 있다.

0468

こねこ

[子猫] 코네코　명 새끼 고양이

私は子猫3匹飼っている.
와타시와 코네코 삼비키 캇테이루
나는 새끼 고양이 세 마리를 키우고 있어.

コピー

copy 코피- 몡 카피, 복사

コピーしたものはさっき送りました.
코피-시타 모노와 삭키 오쿠리마시타
복사한 것은 아까 보내드렸습니다.

こぼす

[溢す] 코보수 동 엎지르다, 흘리다

私はカーペットの上に牛乳を溢した.
와타시와 카-펫토노 우에니 규-뉴-오 코보시타
나는 카펫 위에 우유를 엎질렀다.

こまかい

[細かい] 코마카이
형 아주 작다, 섬세하다

これは細かくてよく見えない.
코레와 코마카쿠테 요쿠 미에나이
이건 아주 작아서 잘 안 보여.

0472 ごみ

[塵] 고미 명 쓰레기

その塵、捨てなさい.
소노 고미, 스테나사이
그 쓰레기 버리렴.

0473 ゴム

고무 명 고무

このゴムはとても柔らかい.
코노 고무와 토테모 야와라카이
이 고무는 정말 부드럽다.

0474 こむぎこ

[小麦粉] 코무기코 명 밀가루

あなたの姿は小麦粉だらけだね.
아나타노 스가타와 코무기코다라케다네
네 모습은 밀가루 투성이구나.

こめ

[米] 코메 <u>명</u> 쌀

韓国はお米が主食だ.
캉코쿠와 오코메가 슈쇼쿠다
한국은 쌀이 주식이다.

ごめん

고멩 <u>감</u> 미안한, 미안하다

ごめん、遅くなって.
고멩 오소쿠 낫테
미안해 늦어서.

こや

[小屋] 코야 <u>명</u> 헛간

この小屋は牛のためのものだ.
코노 코야와 우시노 타메노 모노다
이 헛간은 소를 위한 것이다.

0478 **ころす**

[殺す] 코로수 동 죽이다

私は虫を殺した.
와타시와 무시오 코로시타
나는 벌레를 죽였다.

0479 **ころぶ**

[転ぶ] 코로부 동 구르다, 넘어지다

ホジョンが転んだ.
호종가 코론다
호정이가 넘어졌다.

0480 **コンピューター**

computer 콤퓨-타- 명 컴퓨터

私はコンピューターで宿題をした.
와타시와 콤퓨-타-데 슈쿠다이오 시타
나는 컴퓨터로 숙제를 했다.

さ

0481 サーカス

circus 사-카스 _명 써커스

サーカス見に行かない？
사-카스 미니이카나이?
서커스 보러 가지 않을래?

0482 さいご

[最後] 사이고 _명 최후, 마지막

これが最後の問題です．
고레가 사이고노 몬다이데스
이것이 마지막 문제입니다.

0483 さいしょ

[最初] 사이쇼 명 처음

最初はそれはただのいたずらだった.
사이쇼와 소레와 타다노 이타즈라닷타
처음에는 그건 그저 장난이었다.

0484 サイズ

size 사이즈 명 사이즈

あなたのシャツのサイズは何?
아나타노 샷츠노 사이즈와 나니?
네 셔츠 사이즈는 어떻게 되니?

0485 さいばい

[栽培] 사이바이 명 재배

庭で野菜を栽培している.
니와데 야사이오 사이바이시테이루
정원에서 야채를 재배하고 있다.

0486 さいばんかん

[裁判官] 사이방캉 명 재판관

私の父は裁判官だ.
와타시노 치치와 사이방칸다
내 아버지는 재판관이시다.

0487 さいふ

[財布] 사이후 명 지갑

私は財布を落としてしまった.
와타시와 사이후오 오토시테시맛타
나는 지갑을 잃어버리고 말았다.

0488 さか

[坂] 사카 명 언덕

あの家は坂の上にある.
아노 이에와 사카노 우에니 아루
저 집은 언덕 위에 있다.

0489 **さかな** [魚] 사카나 명 물고기

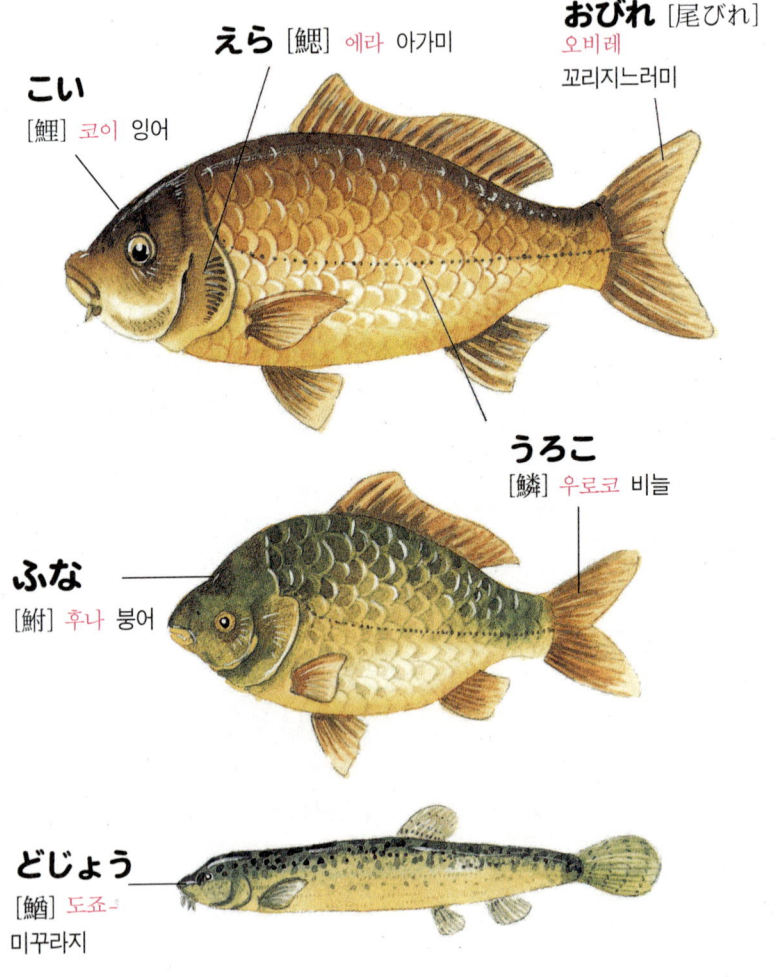

えら [鰓] 에라 아가미

おびれ [尾びれ] 오비레 꼬리지느러미

こい [鯉] 코이 잉어

うろこ [鱗] 우로코 비늘

ふな [鮒] 후나 붕어

どじょう [鰌] 도죠ː 미꾸라지

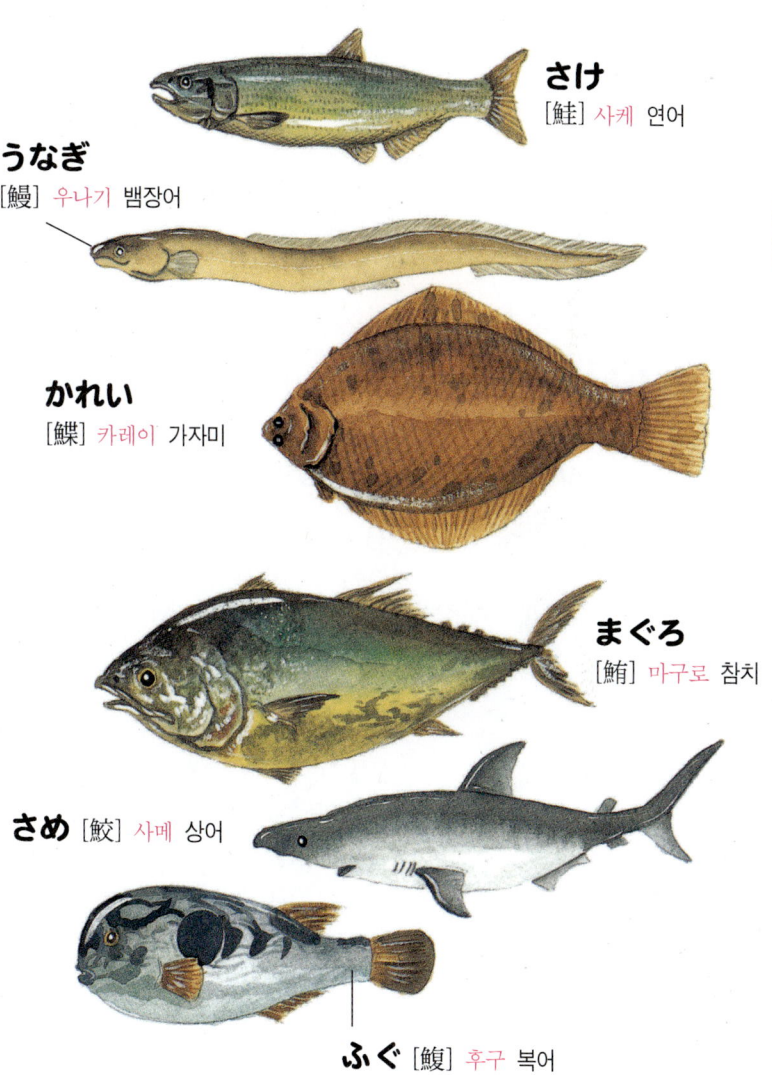

さけ
[鮭] 사케 연어

うなぎ
[鰻] 우나기 뱀장어

かれい
[鰈] 카레이 가자미

まぐろ
[鮪] 마구로 참치

さめ [鮫] 사메 상어

ふぐ [鰒] 후구 복어

0490 さく

[咲く] 사쿠 동 (꽃이) 피다

春になったらいろんな花が咲く.
하루니 낫타라 이론나 하나가 사쿠
봄이 되면 여러 가지 꽃이 핀다.

0491 さけぶ

[叫ぶ] 사케부 동 소리치다, 외치다

そんなに叫ばないでよ. ちゃんと聞こえているから.
손나니 사케바나이데요. 찬토 키코에테이루카라
그렇게 소리 치지마. 잘 들리니까.

0492 ささやく

[囁く] 사사야쿠 동 속삭이다

囁かないで、大きい声で言ってよ.
사사야카나이데. 오오키- 코에데 잇테요
속삭이지 말고 크게 말해.

0493 **ざつおん**

[雑音] 자츠옹 명 잡음

煩いから雑音を出さないで!
우루사이카라 자츠옹오 다사나이데
시끄러우니까 잡음을 내지마!

0494 **さっか**

[作家] 삭카 명 작가

私は作家になりたい.
와타시와 삭카니 나리타이
나는 작가가 되고 싶다.

0495 **サッカー**

soccer 삭카- 명 축구

サッカーは私が一番好きなスポーツだ.
삭카-와 와타시가 이치방 스키나 수포-츠다
축구는 내가 제일 좋아하는 운동이다.

0496 **さっきょくか**

[作曲家] 삭쿄쿠카 명 작곡가

友達のお父さんは作曲家だ.
토모다치노 오토-상와 삭쿄쿠카다
친구 아버지는 작곡가다.

0497 **ざっし**

[雑誌] 잣시 명 잡지

あなた今何読んでいるの?
아나타 이마 나니 욘데이루노?
너 지금 뭐 읽고 있어?

雑誌を読んでいるよ.
잣시오 욘데이루요
잡지를 읽고 있어.

0498 **さとう**

[砂糖] 사토- 명 설탕

コーヒに砂糖を入れますか.
코-히니 사토-오 이레마스카?
커피에 설탕을 넣습니까?

0499 さばく

[砂漠] 사바쿠 몡 **사막**

砂漠(さばく)は昼(ひる)は暑(あつ)くても夜(よる)は寒(さむ)い.
사바쿠와 히루와 아츠쿠테모 요루와 사무이
사막은 낮은 덥지만 밤은 춥다.

0500 さびしい

[寂しい] 사비시- 형 **외롭다**

家(いえ)に一人(ひとり)でいるのは寂(さび)しい.
이에니 히토리데 이루노와 사비시-
집에 혼자 있는 건 외롭다.

0501 さむい

[寒い] 사무이 형 **춥다**

今日(きょう)はとても寒(さむ)いね.
쿄-와 토테모 사무이네
오늘은 무척 춥네.

0502 さようなら

사요-나라

감 안녕히 계세요, 안녕히 가세요(작별인사)

さようなら. また明日会いましょう.
사요-나라 마타 아시타 아이마쇼-
안녕히 계세요. 또 내일 만나요.

0503 さら

[皿] 사라 명 접시

誰がこの皿を割ったの?
다레가 코노 사라오 왓타노?
누가 이 접시를 깨트렸니?

私は割ってないよ.
와타시와 왓테 나이요
난 깨지 않았어요.

0504 サラダ

salad 사라다 명 샐러드

私は肉と、サラダを食べます.
와타시와 니쿠토 사라다오 타베마스
나는 고기와 샐러드를 먹겠습니다.

0505 さる

[猿] 사루 명 원숭이

猿がバナナを食べている.
사루가 바나나오 타베테이루
원숭이가 바나나를 먹고 있다.

0506 さわる

[触る] 사와루 동 만지다, 건들다

私に触るな!
와타시니 사와루나
날 건들지마!

0507 ~さん

상 접미 ~씨

キムさんの番です.
入って下さい.
키무상노 방데스, 하잇테 쿠다사이
김씨 차례입니다. 들어와 주세요.

0508 さん

[三] 상 명 삼, 3

私の家は三階建てだ.
와타시노 이에와 상가이 다테다
내 집은 3층 건물이다.

0509 さんがつ

[三月] 상가츠 명 3월

学校は三月に始まる.
각코-와 상가츠니 하지마루
학교는 3월에 시작된다.

0510 さんぎょう

[産業] 상교- 명 산업

この町は産業で有名だ.
코노 마치와 상교-데 유-메이다
이 마을은 산업으로 유명하다.

0511 **サンタクロース**

santa claus 산타쿠로-스
명 산타클로스

私は昨日サンタクロースに手紙を書いた.
와타시와 키노- 산타쿠로-스니 테가미오 카이타
나는 어제 산타클로스에게 편지를 썼다.

0512 **サンドイッチ**

sandwich 산도잇치 명 샌드위치

私はチーズサンドイッチが好きだ.
와타시와 치-즈 산도잇치가 수키다
나는 치즈 샌드위치를 좋아한다.

0513 し

[死] 시 명 죽음

ちち　し　かのじょ
父の死は彼女にとっては
しょうげき
衝撃だった.
치치노 시와 카노죠니 톳테와 쇼-게키닷타
아버지의 죽음은 그녀에게 있어선 충격이었다.

0514 し

[詩] 시 명 시

おお　　　し　か
キムソオルは多くの詩を書いた.
키무 소오루와 오-쿠노 시오 카이타
김소월은 많은 시를 썼다.

0515 じ

[時] 지 명 시

今_{いま}何時_{なんじ}?
이마 난지?
지금 몇 시야?

2時_{にじ}だよ.
니지다요

0516 シーソー

seesaw 시-소- 명 시소

友_{とも}だちとシーソーに乗_のって遊_{あそ}んだ.
토모다치토 시-소-니 놋테 아손다
친구와 시소를 타고 놀았다.

0517 ジェットき

[ジェット機] 젯토키 명 제트기

ジェット機_きは速_{はや}くてかっこい.
젯토키와 하야쿠테 캇코이
제트기는 빠르고 멋지다.

0518 **しお**

[塩] 시오 명 소금

肉に塩を入れて下さい.
니쿠니 시오오 이레테쿠다사이
고기에 소금을 넣어주세요.

0519 **しか**

[鹿] 시카 명 사슴

鹿は草を食べて生きる.
시카와 쿠사오 타베테 이키루
사슴은 풀을 먹고 산다.

0520 **しがつ**

[四月] 시가츠 명 4월

私は四月に生まれた.
와타시와 시가츠니 우마레타
나는 4월에 태어났다.

0521

しかめる

[顰める] 시카메루 동 찌푸리다

父は私の成績表を見て顔を顰めた.

치치와 와타시노 세-세키효-오 미테 카오오 시카메타

아버지는 내 성적표를 보시고 찌푸리셨다.

0522

じかん

[時間] 지캉 명 시간

一日は24時間だ.

이치니치와 니쥬-요지칸다

하루는 24시간이다.

0523

しけん

[試験] 시켕 명 시험

今日は美術の試験を受けた.

쿄-와 비쥬츠노 시켕오 우케타

오늘은 미술 시험을 봤다.

じこ

[事故] 지코 <u>명</u> 사고

恐ろしい事故だ.
오소로시- 지코다
끔찍한 사고다.

しごと

[仕事] 시고토 <u>명</u> 일, 직업

父の仕事は講師です.
치치노 시고토와 코-시 데스
아버지는 일은 강사입니다.

じじつ

[事実] 지지츠 <u>명</u> 사실

言い訳はいらない、私は
ただ事実が知りたい.
이-와케와 이라나이, 와타시와 타다
지지츠가 시리타이
변명은 필요 없어. 나는 단지 사실이 알고 싶다.

0527 じしゃく

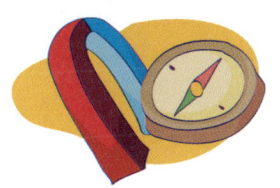

[磁石] 지샤쿠 명 자석

釘は磁石にくっつく.
쿠기와 지샤쿠니 쿳츠쿠
못은 자석에 붙는다.

0528 じしょ

[辞書] 지쇼 명 사전

あなたの辞書ちょっと貸してくれる?
아나타노 지쇼 춋토 카시테 쿠레루?
너의 사전을 잠시 빌릴 수 없을까?

0529 しずかだ

[静かだ] 시즈카다 형동 조용하다

静かにして.赤ちゃん起きちゃうよ.
시즈카니시테 아카창 오키쨔우요
조용히해! 아기가 깨잖아.

0530 しずむ

[沈む] 시즈무 동 가라앉다

そのボートは海に沈んだ.
소노 보-토와 우미니 시즌다
그 보트는 바다에 가라앉았다.

0531 しぜん

[自然] 시젱 명 자연

自然は美しい.
시젱와 우츠쿠시-
자연은 아름답다.

0532 した

[舌] 시타 명 혀

あなた舌を出さないで.
아나타 시타오 다사나이데
너 혀 내밀지 마.

0533 した

[下] 시타 명 아래, 밑

私の鞄はテーブルの下に
あります.
와타시노 카방와 테-부르노 시타니 아리마스
내 가방은 테이블 밑에 있습니다.

0534 しち

[七] 시치 명 일곱, 7

あなた"白雪姫と七人の
小人"読んだ.
아나타 시라유키히메토 시치닝노 코비토 욘다
너 백설 공주와 일곱 난장이 읽었니?

0535 しちがつ

[七月] 시치가츠 명 7월

私は七月に二十歳になる.
와타시와 시치가츠니 하타치니 나루
나는 7월에 20세가 된다.

0536 しっぱい

[失敗] 십파이 명 실패, 실수

彼は失敗してしまった.
카레와 십파이시테 시맛타
그는 실패하고 말았다.

0537 しっぽ

[尻尾] 십포 명 꼬리

さるの尻尾は細くて長い.
사루노 십포와 호소쿠테 나가이
원숭이 꼬리는 얇고 길다.

0538 しつぼう

[失望] 시츠보- 명 실망

彼女はミンスの失敗に失望した.
카노죠와 민수노 십파이니 시츠보-시타
그녀는 민수의 실패에 실망했다.

0539

しつもん

[質問] 시츠몽 몡 질문

しつもん
質問はありませんか.
시츠몽와 아리마셍카
질문은 없나요?

0540

じてんしゃ

[自転車] 지텐샤 몡 자전거

わたし　じてんしゃ
私も自転車がほしい.
와타시모 지텐샤가 호시이
나도 자전거를 가지고 싶다.

0541

しどうしゃ

[指導者] 시도-샤 몡 지도자

かれ　　　みんぞく　しどうしゃ
彼はこの民族の指導者だ.
카레와 코노 민조쿠노 시도-샤다
그는 이 민족의 지도자다.

0542 じどうしゃ

[自動車] 지도-샤 명 자동차

自動車で行けばどのくらいかかりますか.
지도-샤데 이케바 도노쿠라이 카카리마스카
자동차로 가면 어느 정도 걸립니까?

0543 しぬ

[死ぬ] 시누 동 죽다

私は死ぬのが怖い.
와타시와 시누노가 코와이
나는 죽는 것이 무섭다.

0544 しばふ

[芝生] 시바후 명 잔디밭

芝生で遊ぼう.
시바후데 아소보-
잔디밭에서 놀자.

0545

しばる

[縛る] 시바루 동 묶다

彼をロープで縛って!
카레오 로-푸데 시밧테!
그를 밧줄로 묶어!

0546

しま

[島] 시마 명 섬

済州は美しい島だ.
제쥬와 우츠쿠시- 시마다
제주는 아름다운 섬이다.

0547

しまうま

[縞馬] 시마우마 명 얼룩말

私は動物園で縞馬を見た.
와타시와 도-부츠엔데 시마우마오 미타
나는 동물원에서 얼룩말을 보았다.

0548 じむしつ

[事務室] 지무시츠 <u>명</u> 사무실

父は事務室を持っている.
치치와 지무시츠오 못테이루
아버지는 사무실을 가지고 계신다.

0549 しめる

[閉める] 시메루 <u>동</u> 잠그다, 닫다

寒くて窓を閉めた.
사무쿠테 마도오 시메타
추워서 창문을 닫았다.

0550 じゃがいも

[じゃが芋] 쟈가이모 <u>명</u> 감자

私はじゃが芋が食べたい.
와타시와 쟈가이모가 타베타이
나는 감자가 먹고 싶다.

0551
ジャケット

jacket 쟈켓토 몡 재킷

あなたのジャケットを着(き)なさい.
아나타노 쟈켓토오 키나사이
너의 재킷을 입으렴.

0552
しゃこ

[車庫] 샤코 몡 차고

お父(とう)さんの車(くるま)は車庫(しゃこ)にある.
오토-상노 쿠루마와 샤코니 아루
아빠의 차는 차고에 있다.

0553
しゃしん

[写真] 샤싱 몡 사진

彼女(かのじょ)は私(わたし)に日本(にほん)で撮(と)った写真(しゃしん)を見(み)せてくれた.
카노죠와 와타시니 니혼데 톳타 샤싱오 미세테쿠레타
그녀는 나에게 일본에서 찍은 사진을 보여주었다.

0554 **シャツ**

shirt 샤츠 몡 셔츠

あなたそのシャツ似合うよ.
아나타 소노 샤츠 니아우요
너 그 셔츠 어울려.

0555 **シャベル**

shovel 샤베루 몡 삽

彼はシャベルで土を掘った.
카레와 샤베루데 츠치오 홋타
그는 삽으로 땅을 팠다.

0556 **しゃりん**

[車輪] 샤링 몡 바퀴, 수레바퀴

車には4つの車輪がある.
쿠루마니와 욧츠노 샤링가 아루
차에는 4개의 바퀴가 있다.

0557 シャワー

shower 샤와- 몡 샤워

私はシャワーを浴てから寝る.
와타시와 샤와-오 아비테카라 네루
나는 샤워 한 뒤에 잔다.

0558 しゅう

[週] 슈- 몡 주

一週間は7日だ.
잇슈-캉와 나노카다
일주일은 7일이다.

0559 じゆう

[自由] 지유- 몡 자유

夏休みだから一ヶ月は自由だ.
나츠야스미다카라 익카게츠와 지유-다
여름방학이니 한 달 동안은 자유다.

0560 じゅう

[十] 쥬- 명 십, 10

小さなインデアン少年が10人いる.
치-사나 인데앙 쇼넹가 쥬-닝이루
작은 인디언 소년들이 10명 있다.

0561 じゅう

[銃] 쥬- 명 총

あの軍人は銃を持っている.
아노 군징와 쥬-오 못테이루
저 군인은 총을 가지고 있다.

0562 じゅういちがつ

[十一月] 쥬-이치가츠 명 11월

十一月になったらだんだん寒くなる.
쥬-이치가츠니 낫타라 단단 사무쿠나루
11월이 되면 점점 추워진다.

0563

じゅうがつ

[十月] 쥬-가츠 몡 10월

あの商店は十月に開店する.
아노 쇼-텡와 쥬-가츠니 카이텐스루
저 상점은 10월에 연다.

0564

しゅうしゅう

[収集] 슈-슈- 몡 수집

切手はどのくらい収集できた.
킷테와 도노쿠라이 슈-슈-데키타
우표는 어느 정도 수집됐어?

0565

じゅうしょ

[住所] 쥬-쇼 몡 주소

片岡さんの住所はどこか知ってる?
카타오카상노 쥬-쇼와 도코카 싯테루?
카타오카씨의 주소가 어딘지 아니?

0566 ジュース

juice 쥬-스 [명] 주스

私はオレンジジュースが大好きだ.
와타시와 오렌지 쥬-스가 다이스키다
나는 오렌지 주스를 가장 좋아한다.

0567 じゅうにがつ

[十二月] 쥬-니가츠 [명] 12월

クリスマスは十二月にある.
쿠리스마스와 쥬-니가츠니 아루
크리스마스는 12월에 있다.

0568 じゅうぶんだ

[十分だ] 쥬-분다 [형동] 충분하다

みんなにあげるには数が十分だ.
민나니 아게루니와 카즈가 쥬-분다
모두에게 주기에는 수가 충분하다.

0569

しゅうまつ

[週末] 슈-마츠 명 주말

楽(たの)しい週末(しゅうまつ)にしてね.
타노시이 슈-마츠니 시테네
즐거운 주말이 되길 바래.

0570

じゅうようだ

[重要だ] 쥬-요- 다 형동 중요하다

彼(かれ)はとても重要(じゅうよう)な人(ひと)だ.
카레와 토테모 쥬-요-나 히토다
그는 정말 중요한 사람이다.

0571

じゅぎょう

[授業] 쥬교- 명 수업

今日(きょう)英語(えいご)の授業(じゅぎょう)がある.
쿄- 에이고노 쥬교-가 아루
오늘 영어 수업이 있다.

0572 **しゅくだい**

[宿題] 슈쿠다이 명 숙제

私は今宿題をしていて忙しい.
와타시와 이마 슈쿠다이오 시테이테 이소가시-
나는 지금 숙제를 하고 있어서 바빠.

0573 **しゅみ**

[趣味] 슈미 명 취미

あなたはどんな趣味を持ている?
아나타와 돈나 슈미오 못테이루?
너는 어떤 취미를 가지고 있니?

0574 **しゅるい**

[種類] 슈루이 명 종류

鮫は魚の種類の一つだ.
사메와 사카나노 슈루이노 히토츠다
상어는 물고기의 한 종류이다.

0575 しゅんかん

[瞬間] 슝캉 명 순간

行こうとした瞬間、彼女が止めた.
이코-토 시타 슝캉 카노죠가 토메타
가려는 순간 그녀가 말렸다.

0576 じゅんばん

[順番] 쥼방 명 순서, 순

この単語をひらがなの順番に並べなさい.
코노 탕고오 히라가나노 쥼방니 나라베나사이
이 단어들을 히라가나 순으로 나열하세요.

0577 じゅんび

[準備] 쥼비 명 준비

私達のために食事を準備している.
와타시타치노 타메니 쇼쿠지오 쥼비시테이루
우리들 위해 식사 준비를 하고 있어.

0578 しよう

[使用] 시오- 명 사용

この使用方法は難しい.
코노 시요-호-호-와 무즈카시이
이 사용방법은 어렵다.

0579 しょう

[賞] 쇼- 명 상

彼女はノーベル賞をもらった.
카노죠와 노-베루쇼-오 모랏타
그녀는 노벨상을 받았다.

0580 しょうかい

[紹介] 쇼-카이 명 소개

あなたにフンミョンを紹介するよ.
아나타니 훔뮹오 쇼-카이수루요
너에게 흥명이를 소개해줄게.

0581 **しょうご**

[正午] 쇼-고 명 정오

そこに正午まで行くわ.
소코니 쇼-고마데 이쿠와
거기에 정오까지 갈게.

0582 **しょうじょ**

[少女] 쇼-죠 명 소녀

あの少女は祈りをしている.
아노 쇼-죠와 이노리오 시테이루
저 소녀는 기도를 하고 있다.

0583 **じょうずだ**

[上手だ] 죠-즈다 형동 잘 한다

私は日本語が上手だ.
와타시와 니홍고가 죠-즈다
나는 일본어를 잘 한다.

0584 しょうたい

[招待] 쇼-타이 <u>명</u> 초대

招待してくれてありがとう.
쇼-타이시테쿠레테 아리가토-
초대해줘서 고마워.

0585 しょうにん

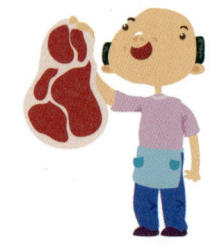

[商人] 쇼-닝 <u>명</u> 상인

商人は彼の全ての商品を失った.
쇼-닝와 카레노 수베테노 쇼-힝오 우시낫타
상인은 그의 모든 상품을 잃어버렸다.

0586 しょうねん

[少年] 쇼-넹 <u>명</u> 소년

あの少年は可愛い.
아노 쇼-넹와 카와이-
저 소년은 귀엽다.

0587 じょうほう

[情報] 죠-호- 명 정보

試験の情報を見せて.
시켄노 죠-호-오 미세테
시험 정보를 보여줘.

0588 しょうぼうしゃ

[消防車] 쇼-보-샤 명 소방차

火を消すために消防車が来た.
히오 케스타메니 쇼-보-샤가 키타
불을 끄기 위해 소방차가 왔다.

0589 じょおう

[女王] 죠오- 명 여왕

女王はとてもきれいな人だ.
죠오-와 토테모 키레이나 히토다
여왕은 정말로 아름다운 사람이다.

しょくぎょう [職業] 쇼쿠교− 명 직업

じゅういしゃ
[獣医者] 쥬−이샤
수의사

だいく
[大工] 다이쿠
목수

いしゃ
[医者] 이샤
의사

りょうりし
[料理士] 료−리시
요리사

かんごふ
[看護婦] 캉고후
간호사

デザイナー
[designer] 데자이나−
디자이너

せんせい
[先生] 센세이
선생님

ウエーター
[waiter] 우에−타−
웨이터

はいしゃ
[歯医者] 하이샤
치과의사

0591

しょくじ

[食事] 쇼쿠지 명 식사

今日の食事はおいしかった.
쿄-노 쇼쿠지와 오이시캇타
오늘 식사는 맛있었다.

0592

しょくどう

[食堂] 쇼쿠도- 명 식당

母は食堂で夕食を準備している.
하하와 쇼쿠도-데 유-쇼쿠오 쥼비시테이루
엄마는 식당에서 저녁을 준비하고 계신다.

0593

しょくぶつ

[植物] 쇼쿠부츠 명 식물

全ての植物は水と光りが必要だ.
수베테노 쇼쿠부츠와 미즈토 히카리가 히츠요-다
모든 식물은 물과 빛이 필요하다.

0594 ショッピング

shopping 숍핑구 [명] 쇼핑

母は市内にショッピングに行きました.
하하와 시나이니 숍핑구니 이키마시타
어머니는 시내로 쇼핑 가셨습니다.

0595 しょめい

[署名] 쇼메이 [명] 서명

ここに署名して下さい.
코코니 쇼-메이시테 쿠다사이
여기에 서명해 주세요.

0596 シリアル

cereal 시리아루 [명] 씨리얼

私の家族はあさごはんにシリアルを食べるのが好きだ.
와타시노 카조쿠와 아사고항니
시리아루오 타베루노가 수키다
내 가족은 아침으로 씨리얼을 먹는 걸 좋아한다.

0597

しる

[知る] 시루 동 알다

私はなぜ彼女が泣くのか知っている.

와타시와 나제 카노죠가 나쿠노카 싯테이루

나는 왜 그녀가 우는지 알고 있다.

0598

しろ

[白] 시로 명 흰색

雪は白い.

유키와 시로이

눈은 하얗다.

0599

しろ

[城] 시로 명 성

あの城は昔王宮だった.

아노 시로와 무카시 오-큐-닷타

저 성은 옛날에 왕궁이었다.

0600 ~じん

[~人] 징 접미 ~인

彼はフランス人だ.
카레와 후랑스진다
그는 프랑스인이다.

0601 しんし

[紳士] 신시 명 신사

あの人は紳士のようにとても親切だ.
아노히토와 신시노요-니 토테모 신세츠다
저 사람은 신사처럼 정말 친절하다.

0602 しんじつ

[真実] 신지츠 명 진실

この真実を誰も信じてくれない.
코노 신지츠오 다레모 신지테 쿠레나이
이 진실을 누구도 믿어주지 않는다.

0603 **しんじる**

[信じる] 신지루 동 믿다

私はあなたが言ったこと信じるよ．
와타시와 아나타가 잇타코토 신지루요
나는 니가 한 말 믿어.

0604 **じんせい**

[人生] 진세이 명 인생

あの方は幸せな人生を過ごした．
아노 카타와 시아와세나 진세이오 수고시타
그 분은 행복한 인생을 살았다.

0605 **しんせき**

[親戚] 신세키 명 친척

あの男は誰？
아노 오토코와 다레? 저 남자는 누구?

彼は私の親戚よ．
카레와 와타시노 신세키요
그는 내 친척이야.

0606 しんせつ

[親切] 신세츠 _명 친절

彼女(かのじょ)はとても親切(しんせつ)で、かわいい.

카노죠와 토테모 신세츠데 카와이-

그녀는 정말 친절하고 귀엽다.

0607 しんぱい

[心配] 심파이 _명 걱정

何(なに)か心配(しんぱい)ごとでもあるの?

나니카 심파이고토데모 아루노?

뭔가 걱정거리라도 있니?

0608 しんぶん

[新聞] 심붕 _명 신문

父(ちち)は新聞(しんぶん)を読(よ)んでいる.

치치와 심붕오 욘데 이루

아버지는 신문을 읽고 계신다.

す

0609 す

[巣] 수 몡 둥지

蛇が鳥の巣を見つけた.
헤비가 토리노 수오 미츠케타
뱀이 새 둥지를 발견했다.

0610 すいえい

[水泳] 수이에이 몡 수영

水泳はとてもいい運動だ.
수이에이와 토테모 이-운도-다
수영은 정말 좋은 운동이다.

0611 すいか

[西瓜] 수이카 명 수박

私(わたし)は西瓜(すいか)が好(す)きだ.
와타시와 수이카가 스키다
나는 수박을 좋아한다.

0612 スイス

Swiss 스이스 명 스위스

お父(とう)さんはスイス製(せい)の時計(とけい)を持(も)っている.
오토-상와 스이스세-노 토케이오 못테이루
아빠는 스위스제 시계를 가지고 계신다.

0613 すいそく

[推測] 수이소쿠 명 추측

ちゃんと推測(すいそく)して見(み)たら.
찬토 수이소쿠시테 미타라
잘 추측해봐.

0614 すいようび

[水曜日] 수이요-비 명 수요일

水曜日に約束がある.
수이요-비니 야쿠소쿠가 아루
수요일에 약속이 있다.

0615 すう

[吸う] 수우 동 (담배를) 피우다

ここでは煙草を吸わないで下さい.
코코데와 타바코오 수와나이데 쿠다사이
여기에서는 담배를 피지 말아주세요.

0616 すうがく

[数学] 수-가쿠 명 수학

私は数学が一番苦手だ.
와타시와 수-가쿠가 이치방 니가테다
나는 수학이 제일 어렵다.

0617 スーツ

suit 수-츠 명 양복, 정장

男はスーツを着ている.
오토코와 수-츠오 키테이루
남자는 양복을 입고 있다.

0618 スープ

soup 수-푸 명 수프

クリームスープを作っています.
쿠리-무 스-푸오 츠쿳테이마스
크림스프를 만들고 있습니다.

0619 スカート

skirt 스카-토 명 스커트

あの赤いスカートをはいている子は誰.
아노 아카이 스카-토오 하이테이루 코와 다레
저 빨간 스커트를 입은 애는 누구니?

0620 スカーフ

scarf 스카-후 <u>명</u> 스카프

ヘヨンは青いスカーフをしている.
헤용와 아오이 스카-후오 시테이루
혜영이는 파란 스카프를 하고 있다.

0621 スキー

ski 스키- <u>명</u> 스키

私はスキーを習っている.
와타시와 스키-오 나랏테이루
나는 스키 타는 법을 배우고 있다.

0622 すきだ

[好きだ] 수키다 <u>형동</u> 좋다, 좋아한다

私は彼女が好きだ.
와타시와 카노죠가 수키다
나는 그녀가 좋다.

0623 **すく**

[空く] 수쿠 동 (배가) 고프다

今日は何も食べてないから、お腹が空いた.
쿄-와 나니모 타베테 나이카라 오나카가 수이타
오늘은 아무것도 먹지 않았기 때문에 배가 고프다.

0624 **すぐ**

수구 부 곧, 즉시

すぐ戻るから待っていて.
수구 모도루카라 맛테이테
곧 돌아올테니까 기다려.

0625 **スケート**

skate 스케-토 명 스케이트

あなたスケートの乗り方知っている?
아나타 스케-토노 노리카타 싯테이루?
너 스케이트 타는 법 아니?

0626

すこし

[少し] 수코시 부 조금, 약간

彼は少し日本語ができる.
카레와 수코시 니홍고가 데키루
그는 일본어를 조금 할 수 있다.

0627

すず

[鈴] 수즈 명 방울

どこかで鈴の音がする.
도코카데 수즈노 오토가 수루
어디선가 방울 소리가 난다.

0628

すずしい

[涼しい] 수즈시-
형 시원하다, 시원한

ことても涼しいね.
코코 토테모 수즈시-네
여기 정말 시원하다.

0629 ずっと

줏토 [부] 계속

ここでずっと待っていた.
코코데 줏토 맛테이타
여기서 계속 기다리고 있었다.

0630 ストーブ

stove 수토-브 [명] 난로, 스토브

ストーブをつけてくれない？
수토-브오 츠케테 쿠레나이?
난로 좀 틀어주겠니?

0631 ストロー

straw 수토로- [명] 빨대

ストローをもう一つもらえませんか.
수토로-오 모-히토츠 모라에마셍카?
빨대를 한 개 더 받을 수 있을까요?

0632

すな

[砂] 수나 몡 모래

ジョンフンは砂で遊んでいる.

종훈와 수나데 아손데이루
정훈이는 모래로 놀고 있다.

0633

スプーン

spoon 수푸-ㄴ 몡 스푼, 수저

砂糖二スプーン入れて下さい.

사토- 후타수푸-ㄴ 이레테 쿠다사이
설탕 2스푼 넣어주세요.

0634

すべて

[全て] 수베테 閈 모든 것, 모두

パーティのための全てが準備できている.

파-티노 타메노 수베테가 쥰비데키테이루
파티를 위한 모든 것이 준비되어있다.

0635 **ズボン**

즈봉 명 바지

母は私にズボンを買って くれた.

하하와 와타시니 즈봉오 캇테 쿠레타

어머니는 나에게 바지를 사주셨다.

0636 **すませる**

[済ませる] 수마세루 동 끝내다

この問題から済ませて休もう.

코노 몬다이카라 수마세테 야수모-

이 문제부터 끝내놓고서 쉬자.

0637 **すみません**

수미마셍 감 실례합니다

すみません. 近所に銀行はどこにありますか.

수미마셍 킨죠니 깅코-와 도코니 아리마스카

실례합니다. 근처에 은행이 어디에 있나요?

0638 **する**

수루 [동] ~하다

一人で勉強をする.
히토리데 벵쿄-오 수루
혼자서 공부를 한다.

0639 **するどい**

[鋭い] 수루도이 [형] 날카롭다

私は鋭い刃物で手を切った.
와타시와 수루도이 하모노데 테오 킷타
나는 날카로운 날붙이에 손을 베었다.

0640 **すわる**

[座る] 수와루 [동] 앉다

私は席を探して座った.
와타시와 세키오 사가시테 수왓타
나는 자리를 찾아서 앉았다.

0641

せ

[背] 세 명 키

かれ　せ　ひゃくにじゅうご
彼の背は125センチだ.
카레노 세와 햐쿠쥬고센치다
그의 키는 125cm이다.

0642

せいかく

[正確] 세-카쿠 명 정확

せいかく　かかく　　ごせんまんえん
正確な価格だと5000万円
になります.
세-카쿠나 카카쿠다토 고센망엔니 나리마스
정확한 가격은 5000만엔이 됩니다.

0643 せいこう

[成功] 세이코- 명 성공

その計画は成功だった.
소노 케-카쿠와 세이코-닷타
그 계획은 성공이었다.

0644 せいしん

[精神] 세-싱 명 정신

強い精神を持った人は何でもできる.
츠요이 세-싱오 못타 히토와 난데모 데키루
강한 정신을 가진 사람은 무엇이든지 할 수 있다.

0645 セーター

Sweater 세-타- 명 스웨터

今日はとても寒そうだからセーターを着て出なさい.
쿄-와 토테모 사무소-다카라 세-타-오
키테 데나사이
오늘은 정말 추운 것 같으니 스웨터를 입고 나가렴.

0646 せかい

[世界] 세카이 명 세계

私は世界旅行に行きたい.
와타시와 세카이료코-니 이키타이
나는 세계여행을 가고 싶다.

0647 せき

[席] 세키 명 자리, 좌석

あなたの席を守りなさい.
아나타노 세키오 마모리나사이
너의 자리를 지키렴.

0648 せっきょくてき

[積極的] 섹쿄쿠테키 동 적극적

タームは英語の時間は
積極的だ.
타-무와 에이고노 지캉와 섹쿄쿠테키다
탐은 영어시간에 적극적이다.

せっけん

[石鹸] 섹켕

私は石鹸を使う.
와타시와 섹켕오 츠카우
나는 비누를 쓴다.

ぜったい

[絶対] 젯타이 명 절대

私は絶対嘘をつかない.
와타시와 젯타이 우소오 츠카나이
나는 절대 거짓말을 하지 않는다.

せつめい

[説明] 세츠메이 명 설명

この問題を私に説明してください.
코노 몬다이오 와타시니 세츠메이시테 쿠다사이
이 문제를 저에게 설명해주세요.

0652 せなか

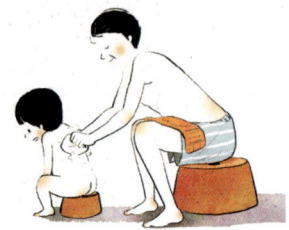

[背中] 세나카 명 등

背中がかゆい.
세나카가 카유이
등이 가렵다.

0653 せまい

[狭い] 세마이 형 좁다

この道は狭い.
코노 미치와 세마이
이 길은 좁다.

0654 ゼリー

jelly 제리- 명 젤리

このゼリー食べたい.
코노 제리-타베타이
이 젤리 먹고 싶어.

0655

せん

[線] 셍 명 선

彼女はその単語の下に線を引いた.
카노죠와 소노 탕고노 시타니 셍오 히이타
그녀는 그 단어 밑에 선을 그었다.

0656

せん

[千] 셍 명 천, 1000

このかばんは四千円だ.
코노 카방와 욘셍엔다
이 가방은 4천 엔이다.

0657

せんせい

[先生] 센세이 명 선생님

エルランは私の英語の先生だ.
에루랑와 와타시노 에이고노 센세이다
앨런은 내 영어 선생님이시다.

0658 せんそう

[戦争] 센소- 명 전쟁

祖父は韓国戦争で亡くなった.
소후와 칸코쿠 센소우데 나쿠 낫타
할아버지는 한국 전쟁에서 돌아가셨다.

0659 せんたくもの

[洗濯物] 센타쿠모노 명 세탁물

籠の中には洗濯物がたくさん入っている.
카고노 나카니와 센타쿠모노가 타쿠상 하잇테이루
바구니 안에는 세탁물이 많이 들어있다.

0660 せんちょう

[船長] 센쵸- 명 선장

お父さんは大きい船の船長だ.
오토-상와 오-키이 후네노 센쵸-다
아빠는 큰 배의 선장이다.

0661 **ぜんぶ**

[全部] 젬부 몡 전부

全部私が食べたよ.
젬부 와타시가 타베타요
전부 내가 먹었어.

0662 **せんぷうき**

[扇風機] 셈푸-키 몡 선풍기

扇風機をつけてください.
셈푸-키오 츠케테 쿠다사이
선풍기를 틀어주세요.

そ

0663 ぞう

[象] 조- 명 코끼리

象は鼻が長くて、体も大きい.
조-와 하나가 나가쿠테 카라다모 오-키-
코끼리는 코가 길고 몸도 크다.

0664 そうぞう

[想像] 소-조- 명 상상

彼は想像力がいい.
카레와 소-조-료쿠가 이-
그는 상상력이 좋다.

0665 そうはく

[蒼白] 소-하쿠 명 창백

彼はその話を聞いて、顔が蒼白になった.

카레와 소노 하나시오 키-테 카오가 소-하쿠니 낫타

그는 그 이야기를 듣고 얼굴이 창백해졌다.

0666 そうび

[装備] 소-비 명 장비

テワンはすべての装備を終えた.

태왕와 수베테노 소-비오 오에타

태완이는 모든 장비를 갖추었다.

0667 ソーセージ

sausage 소-세-지 명 소세지

このソーセージはチーズの味がする.

코노 소-세-지와 치-즈노 아지가 수루

이 소세지는 치즈 맛이 난다.

0668 そく

[足] 소쿠　[조수] 켤레

靴が2足ある.

쿠츠가 니소쿠아루

신발이 2켤레 있다.

0669 そくど

[速度] 소쿠도　[명] 속도

私は最高の速度で走ろうとした.

와타시와 사이코-노 소쿠도데 하시로-토 시타

나는 최고 속도로 달리려고 했다.

0670 そだつ

[育つ] 소다츠　[동] 자라다

子供は育つのが早い.

코도모와 소다츠노가 하야이

아이들은 빨리 자란다.

0671 そと

[外] 소토 명 밖

彼はちょっと前に外に出た.

카레와 춋토 마에니 소토니 데타

그는 조금 전에 밖으로 나갔다.

0672 そのほかに

[その他に] 대 그 외에

소노호카니

その他に何か必要ですか.

소노호카니 나니카 히츠요-데스카?

그 외에 뭐가 필요하십니까?

0673 そふ

[祖父] 소후 명 조부, 할아버지

祖父は真っ白な髭をしている.

소후와 맛시로나 히게오 시테이루

할아버지는 새하얀 수염을 가지고 계신다.

0674 ソファー

sofa 소화- 명 소파

ソファーにばかりいない
で勉強しなさい.
소화-니바카리 이나이데 벵쿄-시나사이
소파에 앉아만 있지 말고 공부하렴.

0675 そふぼ

[祖父母] 소후보 명 조부모

祖父母は田舎に住んでいる.
소후보와 이나카니 순데이루
조부모님은 시골에서 사신다.

0676 そぼ

[祖母] 소보 명 조모, 할머니

祖母はお料理が上手だ.
소보와 오료-리가 죠-즈다
할머니는 요리를 잘하신다.

0677 そめる

[染める] 소메루 동 염색하다

ヨナは自分の髪を緑色に染めた.
요나와 지분노 카미오 미도리이로니 소메타
연아는 자신의 머리를 녹색으로 염색했다.

0678 そら

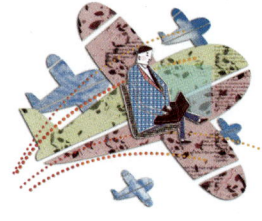

[空] 소라 명 하늘

空を見て、飛行機が飛んでるよ.
소라오 미테, 히코-키가 톤데루요
하늘을 봐. 비행기가 날고 있어.

0679 そり

소리 명 썰매

私は冬に毎日そりを乗りに行った.
와타시와 후유니 마이니치 소리오 노리니 잇타
나는 겨울에 매일 썰매를 타러 갔다.

0680 **そる**

[剃る] 소루
동 면도하다, 밀다, (수염, 머리 등을) 깎다

父は毎日髭を剃る.
치치와 마이니치 히게오 소루
아버지는 매일 수염을 깎는다.

0681 **それ**

소레 대 그것

それは何ですか.
소레와 난데스카
그것은 무엇인가요?

0682 **それぞれ**

소레조레 명 각각의

三つの鉛筆にはそれぞれ
消ゴムがついている.
밋츠노 엠피츠니와 소레조레 케시고무가
츠이테이루
세 개의 연필에는 각각 지우개가 달려있다.

た

0683 たいいくかん

[体育館] 타이이쿠캉  명 체육관

私は毎日体育館で運動する.
와타시와 마이니치 타이이쿠칸데 운도-수루
나는 매일 체육관에서 운동한다.

0684 たいかい

[大会] 타이카이 명 대회

ゆりは音楽大会で賞をもらった.
유리와 옹가쿠 타이카이데 쇼-오 모랏타
유리는 음악 대회에서 상을 받았다.

だいがく

[大学] 다이가쿠 명 대학

私は必ず大学に行く.
와타시와 카나라즈 다이가쿠니 이쿠
나는 꼭 대학에 갈 것이다.

だいく

[大工] 다이쿠 명 목수

私の父は大工だ.
와타시노 치치와 다이쿠다
내 아버지는 목수다

たいこ

[太鼓] 타이코 명 북

私は太鼓のうち方を知っている.
와타시와 타이코노 우치카타오 싯테이루
나는 북 치는 법을 안다.

0688 たいじゅう

[体重] 타이쥬- 명 체중

私の体重が増えた.
와타시노 타이쥬-가 후에타
내 체중이 늘었다.

0689 だいじょうぶだ

[大丈夫だ] 다이죠-부다 형동 괜찮다

今行っても大丈夫ですか.
이마 잇테모 다이죠-부데스카
지금 가도 괜찮나요?

0690 だいすきだ

[大好きだ] 다이스키다
형 가장 좋아하다

私が一番大好きな歌手が明日来る.
와타시가 이치방 다이스키나 카슈가 아시타 쿠루
내가 제일 좋아하는 가수가 내일 온다.

0691 だいどころ

[台所] 다이도코로 명 부엌

母は台所で料理している.
하하와 다이도코로데 료-리 시테이루
어머니는 부엌에서 요리하고 계신다.

0692 たいよう

[太陽] 타이요- 명 태양

太陽がまぶしく光ってる.
타이요-가 마부시쿠 히캇테루
태양이 눈부시게 빛난다.

0693 だいりせき

[大理石] 다이리세키 명 대리석

彼らはこの建物に大理石を使った.
카레라와 코노 타테모노니 다이리세키오 츠캇타
그들은 이 건물에 대리석을 사용했다.

0694 タオル

towel 타오루 명 타월, 수건

タオルちょうだい.
타오루 쵸-다이
수건 좀 줄래?

0695 たかい

[高い] 타카이 형 높다

あの建物は本当に高い.
아노 타테모노와 혼토-니 타카이
저 건물은 정말 높다.

0696 たかい

[高い] 타카이 형 비싸다

父の車はとても高い.
치치노 구루마와 토테모 타카이
아버지의 차는 매우 비싸다.

0697 たかさ

[高さ] 타카사 몡 높이

あのビルの高さはどのくらいですか.
아노 비루노 타카사와 도노쿠라이데스카
저 빌딩의 높이는 어느 정도 입니까?

0698 だく

[抱く] 다쿠 동 안다

彼女は赤ちゃんを抱いた.
카노죠와 아카쨩오 다이타
그녀는 아기를 안았다.

0699 タクシー

taxi 타쿠시- 몡 택시

タクシーで行くのが速い.
타쿠시데 이쿠노가 하야이
택시로 가는 것이 빠르다.

0700 たこ

[凧] 타코 명 연

空に上がっている凧を見て.
소라니 아갓테이루 타코오 미테
하늘에 떠있는 연을 봐.

0701 たこ

[蛸] 타코 명 문어

蛸は足が八つある.
타코와 아시가 얏츠아루
문어는 다리가 여덟 개 있다.

0702 たす

[足す] 타스 동 더하다

8に2を足すと10になる.
하치니 니오 타스토 쥬-니 나루
8에 2를 더하면 10이 된다.

0703 **ただ**

타다 <u>부</u> 단지, 오직

私はただあなたと話したいだけだ.
와타시와 타다 아나타토 하나시타이다케다
나는 단지 너랑 말하고 싶을 뿐이야.

0704 **たたく**

[叩く] 타타쿠 <u>동</u> 때리다, 치다

彼は友達を手で叩いた.
카레와 토모다치오 테데 타타이타
그는 친구를 손으로 쳤다.

0705 **たつ**

[立つ] 타츠 <u>동</u> 일어서다, 서다

そこに立っていないで、私を手伝って.
소코니 탓테이나이데 와타시오 테츠닷테
거기에 서있지 말고 나를 도와줘.

たてもの [建物]
타테모노 명 건물

きょうかい
[教会] 쿄-카이 교회

ぎんこう
[銀行] 깅코- 은행

とうだい
[灯台] 토-다이 등대

しろ
[城] 시로 성

アパート
[apart] 아파-토 아파트

げきじょう
[劇場] 게키죠- 극장

ゆうびんきょく
[郵便局] 유-빙쿄쿠 우체국

しょうぼうしょ
[消防署] 쇼-보-쇼 소방서

てら
[寺] 테라 절

0707 たてる

[建てる] 타테루
동 짓다, (건물을) 세우다

彼_{かれ}らは家_{いえ}を建_たてている.
카레라와 이에오 타테테이루
그들은 집을 짓고 있다.

0708 たにま

[谷間] 타니마　명 계곡

山_{やま}の間_{あいだ}に谷間_{たにま}がある.
야마노 아이다니 타니마가 아루
산 사이에 계곡이 있다.

0709 たね

[種] 타네　명 씨앗, 씨

この種_{たね}は小_{ちい}さいけど大_{おお}きい木_きになる.
코노 타네와 치-사이케도 오-키이 키니 나루
이 씨앗은 작지만 큰 나무가 된다.

0710 たのしい

[楽しい] 타노시- 형 즐겁다

パーティー楽しかった?
파티- 타노시이캇타?
파티 즐거웠니?

0711 たばこ

[煙草] 타바코 명 담배

ここは禁煙ですから煙草を吸わないで下さい.
코코와 킹엔데스카라 타바코오 수와나이데 쿠다사이
여긴 금연이니 담배를 피우지 말아주세요.

0712 たぶん

타붕 부 아마, 아마도

たぶんそうだと思う.
타분 소-다토 오모-
아마 그렇다고 생각해.

たべもの [食べ物] 명 음식
타베모노

スパゲッティ
[spaghetti]
스파겟티 스파게티

ぎゅうにゅう
[牛乳] 규-뉴-
우유

ケーキ
[cake] 케-키
케이크

ビール
[Beer] 비-루
맥주

ピザ
[pizza] 피자
피자

ゼリー
[jelly] 제리-
젤리

チキン
[chicken] 치킹
치킨

ケチャップ
[ketchup]
케찹푸 케찹

サラダ
[salad] 사라다
샐러드

ロールケーキ
[role cake]
로-루 케-키
롤 케이크

ビーフ
[beef] 비-후
쇠고기

サンドイッチ
[sandwich]
산도잇치 샌드위치

じゃがいも
[じゃが芋]
쟈가이모 감자

コーヒー
[coffee] 코-히-
커피

クリーム
[cream] 쿠리-무
크림

スープ
[soup] 수-푸
스프

こしょう
코쇼-
후추

しお
[塩] 시오
소금

メロン
[melon] 메롱
멜론

パン
팡 빵

おちゃ
[お茶] 오챠
차

ジャム
[Jam] 쟈무
잼

ワイン
[Wine] 와잉
와인

オムレツ
[Omelette]
오무레츠 오믈렛

0714 **たべる**

[食べる] 타베루 동 먹다

私達は昼御飯を食べた.
와타시타치와 히루고항오 타베타
우리들은 점심을 먹었다.

0715 **たまご**

[卵] 타마고 명 계란, 달걀

卵で何を作ろうかな.
타마고데 나니오 츠쿠로-카나
계란으로 뭘 만들까?

0716 **たまに**

타마니 부 가끔, 이따금

私はたまに映画を見に行く.
와타시와 타마니 에이가오 미니이쿠
나는 가끔 영화를 보러 간다.

0717

たまねぎ

[玉葱] 타마네기 명 양파

玉葱を切る時は目が辛い.
타마네기오 키루 토키와 메가 카라이
양파를 자를 때는 눈이 맵다.

0718

だれ

[誰] 다레 대 누구, 누가

あそこにいる女の子は誰?
아소코니 이루 온나노코와 다레?
저기에 있는 여자애는 누구야?

0719

だれか

[誰か] 다레카 대 누군가

誰かはあそこに行くべきだ.
다레카와 아소코니 이쿠베키다
누군가는 그곳에 가야만 한다.

0720 だれも

[誰も] 다레모 때 누구도, 아무도

誰も真実を言わなかった.
다레모 신지츠오 이와나캇타
누구도 진실을 말하지 않았다.

0721 たんご

[単語] 탕고 명 단어

その単語の意味は分かっている?
소노 탕고노 이미와 와캇테이루?
그 단어의 의미는 알고 있니?

0722 ダンサー

dancer 단사- 명 댄서, 무용수

私は有名なダンサーになりたい.
와타시와 유-메이나 단사-니 나리타이
나는 유명한 댄서가 되고 싶다.

0723 たんじょうび

[誕生日] 탄죠-비 명 생일

誕生日おめでとう.
탄죠-비 오메데토-
생일 축하해

0724 たんす

[啀笥] 탄수 명 장롱, 옷장

あの服を箪笥に入れなさい.
아노 후쿠오 탄수니 이레나사이
저 옷을 장롱에 넣으렴.

ち

0725 ち

[血] 치 명 피

怪我して血が出る.
케가시테 치가 데루
상처 나서 피가 난다.

0726 ちいき

[地域] 치이키 명 지역

子供はこの地域には入れない.
코도모와 코노 치이키니와 하이레나이
어린이는 이 지역에 못 들어간다.

0727 ちいさい

[小さい] 치-사이 〖형〗작다

弟は私より背が小さい.
오토-토와 와타시요리 세가 치-사이
남동생은 나보다 키가 작다.

0728 チーズ

cheese 치-즈 〖명〗치즈

私はチーズが大好きだ.
와타시와 치-즈가 다이스키다
나는 치즈를 정말 좋아한다.

0729 チーム

team 치-무 〖명〗팀

彼はサッカーのチームに入っている.
카레와 삭카-노 치-무니 하잇테이루
그는 축구팀에 들어가 있다.

0730 ちかい

[近い] 치카이 「형」 가깝다

学校は私の家から近い.
각코-와 와타시노 이에카라 치카이
학교는 내 집에서 가깝다.

0731 ちがう

[違う] 치가우 「동」 다르다

ジンスとミョンヒは双子だけどぜんぜん違う.
진수토 명희와 후타고다케도 젠젠 치가우
진수와 명희는 쌍둥이지만 전혀 다르다.

0732 ちかてつ

[地下鉄] 치카테츠 「명」 지하철

一番近い地下鉄の駅はどこですか.
이치방 치카이 치카테츠노 에키와 도코데스카
가장 가까운 지하철 역은 어딥니까?

0733 ちから

[力] 치카라 **명** 힘

愛の力は偉大だ.
아이노 치카라와 이다이다
사랑의 힘은 위대하다.

0734 ちきゅう

[地球] 치큐- **명** 지구

これは地球で一番大きい湖だ.
코레와 치큐-데 이치방 오-키이 미즈우미다
이것은 지구에서 가장 큰 호수다.

0735 チケット

ticket 치켓토 **명** 티켓, 표

彼はチケットを二枚買った.
카레와 치켓토오 니마이 캇타
그는 티켓을 두 장 샀다.

0736

ちず

[地図] 치즈 명 지도

ブサンはどこにあるか
地図で探してみて.
부상와 도코니 아루카 치즈데 사가시테미테
부산은 어디에 있는지 지도로 찾아봐.

0737

ちち

[父] 치치 명 아버지

私と父は一緒に旅行に行きました.
와타시토 치치와 잇쇼니 료코-니 이키마시타
나와 아버지는 함께 여행을 갔습니다.

0738

ちゃいろ

[茶色] 챠이로 명 갈색

その茶色のズボンとても
似合うよ.
소노 챠이로노 즈봉 토테모 니아우요
그 갈색 바지 정말 어울린다.

0739 ちゅうごく

[中国] 츄-고쿠 〔명〕 중국

チャンさんは中国から来た.
창상와 츄-고쿠카라 키타
창씨는 중국에서 왔다.

0740 ちゅうごくご

[中国語] 츄-고쿠고 〔명〕 중국어

姉は中国語が上手だ.
아네와 츄-고쿠고가 죠-즈다
언니는 중국어를 잘한다.

0741 ちゅうもく

[注目] 츄-모쿠 〔명〕 주목

注目して下さい.
츄-모쿠시테 쿠다사이
주목해 주세요.

0742 **ちょうちょ**

[蝶々] 쵸-쵸 명 나비

私は立派な蝶々の収集をもっている.
와타시와 립파나 쵸-쵸노 슈-슈-오 못테이루
나는 훌륭한 나비 수집을 가지고 있다.

0743 **チョーク**

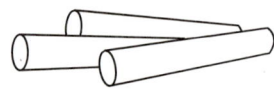

chalk 쵸-쿠 명 초크, 분필

先生はチョークで書く.
센세이와 쵸-쿠데 카쿠
선생님은 분필로 쓰신다.

0744 **チョコレート**

chocolate 쵸코레-토 명 초콜릿

妹はチョコレートが好きだ.
이모-토와 쵸코레-토가 수키다
여동생은 초콜릿을 좋아한다.

0745 ちょちく

[貯蓄] 쵸치쿠 명 저축

彼女はお金を銀行に貯蓄している.

카노죠와 오카네오 깅코-니 쵸치쿠 시테이루

그녀는 돈을 은행에 저축하고 있다.

0746 ちょっと

춋토 부 잠깐

私はフランス語がちょっとできる.

와타시와 후랑스고가 춋토 데키루

나는 프랑스어를 조금 할 수 있다.

0747 ちらかす

[散らかす] 치라카수
동 어지르다

あなた、また部屋を散らかしたの?

아나타, 마타 헤야오 치라카시타노?

너 또 방을 어지럽혔니?

つ

0748 ついてくる

[付いて来る] 츠이테쿠루
동 따라가다, 뒤따르다

私(わたし)に付(つ)いて来(き)て下(くだ)さい.
道(みち)を案内(あんない)します.
와타시니 츠이테키테 쿠다사이. 미치오 안나이 시마스
저를 따라오세요. 길을 안내해 드릴께요.

0749 つうか

[通過] 츠-카 명 통과

このテストに通過(つうか)したら
あなたをみとめてあげる.
코노 테스토니 츠-카시타라 아나타오
미토메테 아게루
이 테스트를 통과한다면 너를 인정해줄게.

0750 つかう

[使う] 츠카우 [동] 쓰다, 소비하다

彼は夏休みをほとんど泳ぐのに使った.

카레와 나츠야스미오 호톤도 오요구노 니츠캇타

그는 여름 방학을 거의 수영하는데 사용했다.

0751 つかむ

[掴む] 츠카무 [동] 잡다

彼はドアの取手を掴んだ.

카레와 도아노 톳테오 츠칸다

그는 문의 손잡이를 잡았다.

0752 つかれる

[疲れる] 츠카레루 [동] 피곤하다

私は彼女の小言に疲れた.

와타시와 카노죠노 코고토니 츠카레타

나는 그녀의 잔소리에 피곤했다.

0753 **つき**

[月] 츠키 **명** 달

空の月を見て.
소라노 츠키오 미테
하늘의 달을 봐.

0754 **つくえ**

[机] 츠쿠에 **명** 책상

教室にはたくさん机がある.
쿄-시츠니와 타쿠상 츠쿠에가 아루
교실에는 많은 책상이 있다.

0755 **つくる**

[作る] 츠쿠루 **동** 만들다

彼らは玩具をいっぱい作る.
카레라와 오모챠오 입파이 츠쿠루
그들은 장난감을 많이 만든다.

0756 つち

[土] 츠치 명 땅, 흙

あなたはなぜ土を掘っているの?

아나타와 나제 츠치오 홋테이루노?

너는 왜 땅을 파고 있니?

0757 つづける

[続ける] 츠즈케루 동 계속하다

彼は仕事を続けた.

카레와 시고토오 츠즈케타

그는 일을 계속했다.

0758 つの

[角] 츠노 명 뿔

山羊は角をもっている.

야기와 츠노오 못테이루

염소는 뿔을 가지고 있다.

0759 つばさ

[翼] 츠바사 명 날개

鳥は翼をもっている.
토리와 츠바사오 못테이루
새는 날개를 가지고 있다.

0760 つぼ

[坪] 츠보 명 단지

蜂蜜を坪に入れる.
하치미츠오 츠보니 이레루
벌꿀을 단지에 넣는다.

0761 つま

[妻] 츠마 명 아내

彼の妻はアメリカ人だ.
카레노 츠마와 아메리카징다
그의 아내는 미국인이다.

0762 つめ

[爪] 츠메 명 손톱

あなたは爪にマニキュアをするにはまだ幼い.

아나타와 츠메니 마니큐아오 수루니와 마다 오사나이

너는 손톱에 매니큐어를 하기엔 아직 어려.

0763 つめる

[詰める] 츠메루 동 채우다

あのかごはお菓子で詰めてある.

아노 카고와 오카시데 츠메테아루

저 바구니는 과자로 채워져 있다.

0764 つよい

[強い] 츠요이 형 강하다

アメリカは強い国の一つだ.

아메리카와 츠요이 쿠니노 히토츠다

아메리카는 강한 나라 중 하나다.

0765 **つり**

[釣り] 츠리 명 낚시

私達釣りに行くけど、一緒に行かない?
와타시타치 츠리니 이케도 잇쇼니 이카나이?
우리들 낚시하러 가는데 같이 갈래?

0766 **つるす**

[吊す] 츠루수 동 매달다

このランプを天井に吊そう.
코노 람푸오 텐죠-니 츠루소-
이 등을 천장에 매달자.

0767 **つるつるする**

츠루츠루수루 동 미끄럽다

廊下がつるつるしてるから気をつけて.
로-카가 츠루츠루시테루카라 키오츠케테
복도가 미끄러우니 조심해.

て

0768 て

[手] 테 명 손

先に手を洗いなさい.
사키니 테오 아라이나사이
먼저 손을 씻으렴.

0769 テープ

tape 테-푸 명 테이프

ドンス君、もしかして
テープ持っている?
동수쿤 모시카시테 테-푸 못테이루?
동수야 혹시 테이프 가지고 있니?

0770 テーブル

table 테-부르 [명] 테이블, 탁자

テーブルの上に花瓶がある.
테-부르노 우에니 카빙가 아루
테이블 위에 꽃병이 있다.

0771 てがみ

[手紙] 테가미 [명] 편지

あなたの手紙をもらって嬉しい.
아나타노 테가미오 모랏테 우레시-
네 편지를 받아서 기뻐.

0772 できる

데키루 [동] ~할 수 있다, 가능하다

弟は日本語ができる.
오토-토와 니홍고가 데키루
동생은 일본어를 할 수 있다.

0773 でぐち

[出口] 데구치 몡 출구

出口は上にある.
데구치와 우에니 아루
출구는 위에 있다.

0774 てくび

[手首] 테쿠비 몡 손목

手首が痛い.
테쿠비가 이타이
손목이 아프다.

0775 デザート

dessert 데자-토 몡 디저트, 후식

私はデザートにアイスクリームがいい.
와타시와 데자-토니 아이스쿠리-무가 이-
나는 디저트로 아이스크림이 좋다.

0776 **てじなし**

[手品師] 테지나시 [명] 마술사

手品師は煙のように消えた.
테지나시와 케무리노 요-니 키에타
마술사는 연기처럼 사라졌다.

0777 **テスト**

test 테스토 [명] 시험, 테스트

期末テストが終わったかしらもう夏休みだ.
키마츠 테스토가 오왓타카라 모-나츠야스미다
기말 테스트가 끝났으니 이제 여름 방학이다.

0778 **てつ**

[鉄] 테츠 [명] 철

鉄は堅くて重い.
테츠와 카타쿠테 오모이
철은 단단하고 무겁다.

0779 てつだう

[手伝う] 테츠다우 동 돕다

あなたが手伝ってくれなくてもこれはもてるよ．
아나타가 테츠닷테 쿠레나쿠테모 코레와 모테루요
네가 도와주지 않아도 이건 들 수 있어.

0780 てつどう

[鉄道] 테츠도- 명 철로

あなたたち！鉄道を歩くのは危ない．
아나타타치 테츠도-오 아루쿠노와 아부나이
너희들! 철로를 걷는 건 위험해!

0781 テニス

tennis 테니스 명 테니스

テニスはきびしい運動だ．
테니스와 키비시- 운도-다
테니스는 힘든 운동이다.

0782 デパート

department store 데파-토
명 백화점

私(わたし)はお母(かあ)さんとデパートでいろいろ買(か)った.
와타시와 오카-상토 데파-토데 이로이로 캇타
나는 엄마와 백화점에서 여러 가지 샀다.

0783 てぶくろ

[手袋] 테부쿠로 명 장갑

私(わたし)の手袋(てぶくろ)は厚(あつ)くて暖(あたた)かい.
와타시노 테부쿠로와 아츠쿠테 아타타카이
내 장갑은 두꺼워서 따뜻하다.

0784 てら

[寺] 테라 명 절

ブルグッサは有名(ゆうめい)な寺(てら)だ.
부르국사와 유-메이나 테라다
불국사는 유명한 절이다.

0785 でる

[出る] 데루 동 나가다

私は買い物に出る.
와타시와 카이모노니 데루
나는 장보러 나간다.

0786 テレビ

television 테레비
명 텔레비전, TV

私は今テレビを見ている.
와타시와 이마 테레비오 미테이루
나는 지금 TV를 보고 있다.

0787 てん

[点] 텐 명 점, 점수, 득점

今回何点とった?
콩가이 난텐 톳타?
이번에 몇 점 얻었어?

0788 てんき

[天気] 텡키 명 날씨

きょう　てんき　あめ
今日の天気は雨だね.
쿄-노 텡키와 아메다네
오늘 날씨는 비래.

0789 てんごく

[天国] 텡고쿠 명 천국

わたし　ちち　てんごく
私の父は天国にいる.
와타시노 치치와 텡고쿠니 이루
내 아버지는 천국에 계신다.

0790 てんじょう

[天井] 텐죠- 명 천장

てんじょう　まど
天井に窓がある.
텐죠-니 마도가 아루
천장에 창문이 있다.

0791

テント

tent 텐토 명 텐트

あなた、テントの張(は)り方(かた)を知(し)っている?
아나타, 텐토노 하리카타오 싯테이루?
너 텐트 치는 법을 아니?

0792

でんわ

[電話] 뎅와 명 전화

静(しず)かにして! 今(いま)電話中(でんわちゅう)なんだから.
시즈카니시테 이마 뎅와츄-난다카라
조용히해! 지금 전화 중이잖니.

と

0793 ドア

door 도아 명 문

ドアを開けて下さい.
도아오 아케테 쿠다사이
문을 열어 주세요.

0794 ドイツ

도이츠 명 독일

ウェバさんはイギリス人?
웨바상와 이기리스징?
웨버씨는 영국인이시니?

いや、ドイツ人だよ.
이야 도이츠진다요
아니, 독일인이야.

トイレ

toilet 토이레 ⑲ 화장실

トイレを使(つか)ってもいいですか.

토이레오 츠캇테모 이-데스카

화장실을 사용해도 될까요?

とう

[塔] 토- ⑲ 탑

エッフェル塔(とう)はすごく高(たか)い.

엡휘르토-와 수고쿠 타카이

에펠탑은 무척 높다.

どうか

도-카 ㈜ 제발, 부디

どうか手伝(てつだ)って下(くだ)さい.

도-카 테츠닷테 쿠다사이

부디 도와주세요.

0798 どうきゅうせい

[同級生] 도-큐-세이
명 급우, 동급생

春子は私の同級生だ.
하루코와 와타시노 도-큐-세이다
하루코는 내 급우다.

0799 どうぐ

[道具] 도-구 명 도구, 연장

この道具を使ったら もっと早く作れる.
코노 도-구오 츠캇타라 못토 하야쿠 츠쿠레루
이 도구를 사용하면 좀 더 빨리 만들 수 있다.

0800 どうくつ

[洞窟] 도-쿠츠 명 동굴

見て、この洞窟に誰かが住んでたよ.
미테, 코노 도-쿠츠니 다레카가 순데타요
봐, 여기 동굴에서 누군가가 살았었어.

0801 とうこう

[登校] 토-코- 명 등교

私達は毎日学校に登校する.
와타시타치와 마이니치 갓코-니 토-코-수루
우리들은 매일 학교에 등교한다.

0802 どうさ

[動作] 도-사 명 동작

私は彼女の動作について行けない.
와타시와 카노죠노 도-사니 츠이테 이케나이
나는 그녀의 동작을 따라 할 수 없다.

0803 とうちゃく

[到着] 토-챠쿠 명 도착

彼はここに12時ごろ到着すると思う.
카레와 코코니 쥬-니지고로 토-챠쿠수루토 오모우
그는 여기에 12시 정도에 도착할 것이라 생각해.

どうぶつ [動物]
도-부츠
명 동물

うし [牛] 우시 소

こうし [子牛] 코우시 송아지

ぶた [豚] 부타 돼지

こぶた [子豚] 코부타 새끼돼지

こいぬ [子犬] 코이누 강아지

いぬ [犬] 이누 개

おたまじゃくし [お玉杓子] 오타마쟈쿠시 올챙이

かえる [蛙] 카에루 개구리

あひる [家鴨] 아히루 오리

0805 どうぶつえん

[動物園] 도-부츠엥 <u>명</u> 동물원

昨日動物園に行って来た.
키노- 도-부츠엔니 잇테키타
어제 동물원에 다녀왔다.

0806 とうもろこし

토-모로코시 <u>명</u> 옥수수

私はとうもろこしが大好きだ.
와타시와 토-모로코시가 다이스키다
나는 옥수수를 제일 좋아한다.

0807 とおい

[遠い] 토-이 <u>형</u> 멀다

彼は私よりもっと遠くまで泳げる.
카레와 와타시요리 못토 토-쿠마데 오요게루
그는 나보다 더 멀리까지 헤엄칠 수 있다.

0808 とおりすぎる

[通りすぎる] 토-리수기루
동 지나가다, 지나치다

あの道を通りすぎるなんて、困ったな.
아노 미치오 토-리수기루난테 코맛타나
저 길을 지나치다니 큰일이네.

0809 とかす

[溶かす] 토카스 동 녹이다

太陽が雪を溶かした.
타이요-가 유키오 토카시타
태양은 눈을 녹였다.

0810 とかす

[解かす] 토카스 동 (머리 등을) 빗다

髪を解かしなさい. 汚く見えるから.
카미오 토카시나사이. 키타나쿠 미에루카라
머리 좀 빗어. 지저분해 보이니까.

0811 **ときどき**

[時々] 토키도키 [부] 종종, 가끔

彼女は時々私に会いに来る.
카노죠와 토키도키 와타시니 아이니 쿠루
그녀는 종종 나를 보러 온다.

0812 **どく**

[毒] 도쿠 [명] 독

この茸には毒が入っている.
코노 키노코니와 도쿠가 하잇테이루
이 버섯에는 독이 들어있다.

0813 **とくべつだ**

[特別だ] 토쿠베츠다
[형동] 특별하다

これは特別な場合だ.
코레와 토쿠베츠나 바아이다
이건 특별한 경우이다.

とけい

[時計] 토케이 <u>명</u> 시계

私は目覚まし時計を11時10分に合わせた.

와타시와 메자마시도케이오 쥬-이치지 쥽푼니 아와세타

나는 자명 시계를 11시 10분에 맞췄다.

どこ

도코 <u>대</u> 어디

あなたどこにいるの?
아나타 도코니 이루노?
너 어디에 있니?

トイレにいるよ.
토이레니 이루요
화장실에 있어.

とこやさん

[床屋さん] 토코야상 <u>명</u> 이발사

キムさんは床屋さんだ.
키무상와 토코야상다
김씨는 이발사이다.

0817 とし

[年] 토시 명 나이, 해

私達は同い年だ.
와타시타치와 오나이도시다
우리들은 같은 나이이다.

0818 としした

[年下] 토시시타 명 연하

彼は私より2才年下だ.
카레와 와타시요리 니사이 토시시타다
그는 나보다 2살 연하다.

0819 としょかん

[図書館] 토쇼캉 명 도서관

私は図書館で勉強をした.
와타시와 토쇼캉데 벵쿄-오시타
나는 도서관에서 공부를 했다.

0820 **とって**

[取手] 톳테 명 손잡이

箱を開けるにはその取手を回せばいいよ.
하코오 아케루니와 소노 톳테오 마와세바 이-요
상자를 열려면 그 손잡이를 돌리면 돼.

0821 **とても**

토테모 부 아주, 완전히

あなたの服はとてもすてきだ.
아나타노 후쿠와 토테모 스테키다
너의 옷은 정말 멋지다.

0822 **となり**

[隣] 토나리 명 이웃, 옆, 곁

ナプキンの隣りにポークとナイフを置きなさい.
나푸킨노 토나리니 포-쿠토 나이후오 오키나사이
냅킨 옆에 포크와 나이프를 놓으렴.

0823 とびあがる

[飛び上がる] 토비아가루
동 뛰어오르다

彼女は空中に飛び上がった.
카노죠와 쿠-츄-니 토비아갓타
그녀는 공중에 뛰어올랐다.

0824 とぶ

[飛ぶ] 토부 동 날다

鳥や昆虫は飛ぶことができる.
토리야 콘츄-와 토부코토가 데키루
새나 곤충은 날 수 있다.

0825 トマト

tomato 토마토 명 토마토

私はトマトが好きだ.
와타시와 토마토가 스키다
나는 토마토를 좋아한다.

とまる

[泊る] 토마루 동 머물다

もうおそいから泊っていってよ.

모- 오소이카라 토맛테 잇테요

이제 늦었으니 자고 가.

ともだち

[友だち] 토모다치 명 친구

ジンスは私の一番の友だちだ.

진수와 와타시노 이치방노 토모다치다

진수는 나의 가장 친한 친구이다.

どようび

[土曜日] 도요-비 명 토요일

今度の土曜日遠足行かない?

콘도노 도요-비 엔소쿠 이카나이?

요번 토요일에 소풍 안 갈래?

0829 とら

[虎] 토라 명 호랑이

虎は猫と似ているが、こわい．
토라와 네코토 니테이루가 코와이
호랑이는 고양이와 닮았지만 무섭다.

0830 トラック

Track 토락쿠 명 트럭

道にトラックがいっぱいある．
미치니 토락쿠가 입파이 아루
길에 트럭이 많이 있다.

とり [鳥] 토리　　명 새

ふくろう
[梟] 후쿠로-
올빼미

わし
[鷲] 와시
독수리

つる
[鶴] 츠루
학

からす
[烏] 카라스
까마귀

だちょう
[駝鳥] 다쵸-
타조

はと
[鳩] 하토
비둘기

すずめ
[雀] 스즈메

はくちょう
[白鳥] 하쿠쵸-

くじゃく
[孔雀] 쿠쟈쿠

0832 どりょく

[努力] 도료쿠 명 노력

私は捕まえようと努力したが、犬は逃げてしまった.
와타시와 츠카마에요-토 도료쿠시타가 이누와 니게테 시맛타
나는 잡으려고 노력했지만 개는 도망가 버렸다.

0833 どれ

도레 대 어느, 어느 것

どれがあなたの鉛筆なの?
도레가 아나타노 엠피츠나노?
어느 것이 네 연필이니?

これが私のだよ.
코레가 와타시노 다요 이게 내꺼야.

0834 とる

[取る] 토루 동 잡다

私がなげたボールを犬が取った.
와타시가 나게타 보-루오 이누가 톳타
내가 던진 공을 개가 잡았다.

0835 ドレス

dress 도레스 몡 드레스

パーティの準備で彼女は
ドレスに着替えた.
파-티노 쥼비데 카노죠와 도레스니 키가에타
파티 준비로 그녀는 드레스를 입었다.

0836 どんな

돈나 관 어떤

あの人はどんな方ですか.
아노 히토와 돈나 카타데스카?
저 사람은 어떤 분인가요?

な

0837 ない

나이 [형] 아니다

窓を割ったのは私じゃない.
마도오 왓타노와 와타시쟈나이
창문을 깬 건 내가 아니다.

0838 なおす

[直す] 나오수 [동] 고치다

彼は眼鏡を直している.
카레와 메가네오 나오시테이루
그는 안경을 고치고 있어.

0839 なか

[中] 나카 　명 안, 속

彼女は部屋の中にいる.
카노죠와 헤야노 나카니 이루
그녀는 방 안에 있어.

0840 ながい

[長い] 나가이 　형 길다

あの汽車は長い.
아노 키샤와 나가이
저 기차는 길다.

0841 ながぐつ

[長靴] 나가구츠 　명 장화

長靴をはいた猫の話知っている?
나가구츠오 하이타 네코노 하나시 싯테이루?
장화 신은 고양이 이야기 아니?

0842 ながさ

[長さ] 나가사 명 길이

このロープの長さはどのくらいですか.
코노 로-푸노 나가사와 도노쿠라이데스카
이 로프의 길이는 어느 정도 입니까?

0843 ながす

[流す] 나가스
동 쏟다, 붓다, (물 등을) 버리다

その汚い水を早く流しなさい.
소노 키타나이 미즈오 하야쿠 나가시나사이
그 더러운 물을 빨리 쏟아 버리렴.

0844 なく

[泣く] 나쿠 동 울다

赤ちゃんがお腹が空いて泣いてる.
아카창가 오나카가 스이테 나이테루
아기가 배가 고파서 울고 있다.

0845 なくす

[無くす] 나쿠수
동 잃다, 잃어버리다

私は鞄を無くした.
와타시와 카방오 나쿠시타
나는 가방을 잃어버렸다.

0846 なげる

[投げる] 나게루 동 던지다

彼はボールを思い切り投げた.
카레와 보-루오 오모이키리 나게타
그는 공을 있는 힘껏 던졌다.

0847 なし

[梨] 나시 명 배

彼女はりんごより梨の方が好きだ.
카노죠와 링고요리 나시노 호-가 스키다
그녀는 사과보다 배를 좋아한다.

0848

なぜ

나제 부 왜

なぜ弟を殴ったの?
나제 오토-토오 나굿타노?
왜 남동생을 때렸니?

0849

なぞなぞ

[謎々] 나조나조 명 수수께끼

この謎々の答えは何?
코노 나조나조노 코타에와 나니?
그 수수께끼의 답은 뭐니?

0850

なつ

[夏] 나츠 명 여름

夏は暑い.
나츠와 아츠이
여름은 덥다.

0851

なつやすみ

[夏休み] 나츠야스미 명 여름방학

夏休みはどうだった?
나츠야스미와 도-닷타?
여름 방학은 어땠어?

すごくよかったよ.
수고쿠 요캇타요
정말 좋았어.

0852

なに

[何] 나니 대 무엇

それは何?
소레와 나니?
그건 뭐니?

これは本だよ.
코레와 혼다요
이건 책이야.

0853

なにか

[何か] 나니카 대 무엇인가

私に何か冷たい飲み物を
ください.
와타시니 나니카 츠메타이 노미모노오
쿠다사이
저에게 무엇인가 차가운 음료를 주세요.

0854 なま

[生] 나마 명 생, 날것

ライオンは肉を生で食べる.
라이옹와 니쿠오 나마데 타베루
사자는 고기를 생으로 먹는다.

0855 なまえ

[名前] 나마에 명 이름

私の名前はりえです.
와타시노 나마에와 리에데스
내 이름은 리에입니다.

0856 なまける

[怠ける] 나마케루
동 게으름 피우다

朝遅く起きるのは怠けているのよ.
아사 오소쿠 오키루노와 나마케테이루노요
아침 늦게 일어나는 것은 게으름을 피우는 짓이야.

0857 なみだ

[涙] 나미다　명 눈물

私(わたし)は涙(なみだ)を流(なが)している彼女(かのじょ)を見(み)た.
와타시와 나미다오 나가시테이루 카노죠오 미타
나는 눈물을 흘리는 그녀를 보았다.

0858 なめる

[嘗める] 나메루　동 핥다

あの犬(いぬ)が私(わたし)の顔(かお)を嘗(な)めた.
아노 이누가 와타시노 카오오 나메타
저 개가 내 얼굴을 핥았다.

0859 ならう

[習う] 나라우　동 배우다

私(わたし)は英語(えいご)を習(なら)っている.
와타시와 에이고오 나랏테이루
나는 영어를 배우고 있다.

0860 ~なりたい

나리타이
[접미] ~(이/가) 되고 싶다

私は有名な歌手になりたい.
와타시와 유-메이나 카슈니 나리타이
나는 유명한 가수가 되고싶다.

0861 なる

[鳴る] 나루 [동] (벨, 종) 등이 울리다

電話のベルが鳴った.
뎅와노 베루가 낫타
전화 벨이 울렸다.

0862 なわ

[縄] 나와 [명] 밧줄, 로프

この縄は短い.
코노 나와와 미지카이
이 밧줄은 짧다.

0863 なわとび

[縄跳び] 나와토비 명 줄넘기

私は縄跳びが上手だ.
와타시와 나와토비가 죠-즈다
나는 줄넘기를 잘 한다.

0864 なん

[何] 낭 대 무엇

これは何ですか.
코레와 난데스카?
이건 무엇입니까?

0865 なんでも

[何でも] 난데모
대 무엇이든, 뭐든지

私はあなたがくれるのなら何でも好き.
와타시와 아나타가 쿠레루노나라 난데모 스키
나는 네가 준다면 뭐든지 좋아.

0866 **なんにも**

[何にも] 난니모
団 아무것도, 무엇도

私は何にも食べたくない.
와타시와 난니모 타베타쿠 나이
나는 아무것도 먹고 싶지 않다.

0867 **なんにん**

[何人] 난닝 명 몇 명, 몇 사람

旅行に何人行きましたか.
료코-니 난닝 이키마시타카?
여행에 몇 명 갔습니까?

に

0868 ~に

니 조 (장소)에, (시간)에

私は普通6時に起きる.
와타시와 후츠- 로쿠지니 오키루
나는 보통 6시에 일어난다.

0869 に

[二] 니 명 이, 2

私は鉛筆2本もっている.
와타시와 엠피츠 니홍 못테이루
나는 연필을 2자루 가지고 있다.

0870 におい

[匂] 니오이
명 좋은 냄새, 향내

いい匂(におい)がする.
이- 니오이가 수루
좋은 냄새가 나.

0871 におい

[臭] 니오이 명 나쁜 냄새, 악취

どこかでいやな臭(におい)がする.
도코카데 이야나 니오이가 수루
어디선가 나쁜 냄새가 나.

0872 にがつ

[二月] 니가츠 명 2월

父(ちち)の誕生日(たんじょうび)は2月(にがつ)だ.
치치노 탄죠-비와 니가츠다
아버지의 생신은 2월이다.

0873 にく

[肉] 니쿠 몡 고기

私はもっと肉が食べたい.
와타시와 못토 니쿠가 타베타이
나는 좀 더 고기를 먹고 싶다.

0874 にし

[西] 니시 몡 서, 서쪽

インチョンは西の方にある.
인총와 니시노 호-니 아루
인천은 서쪽에 있다.

0875 にじ

[虹] 니지 몡 무지개

虹は七つの色だ.
니지와 나나츠노 이로다
무지개는 일곱가지 색이다.

0876 **にちようび**

[日曜日] 니치요-비 몡 일요일

私は日曜日に教会へ行く.
와타시와 니치요-비니 쿄-카이에 이쿠
나는 일요일에 교회에 간다.

0877 **にっき**

[日記] 닉키 몡 일기

今日の事を日記に書く.
쿄-노 코토오 닉키니 카쿠
오늘 일을 일기에 쓴다.

0878 **にている**

[似ている] 니테이루 동 닮았다

あの二人は似ている.
아노 후타리와 니테이루
그 두 명은 닮았다.

0879 にほん

[日本] 니홍　명 일본

日本は島国だ.
니홍와 시마구니다
일본은 섬 나라다.

0880 にほんご

[日本語] 니홍고　명 일본어

私は日本語で話した.
와타시와 니홍고데 하나시타
나는 일본어로 말했다.

0881 にほんじん

[日本人] 니혼징　명 일본인

彼女は日本人だ.
카노죠와 니혼진다
그녀는 일본인이다.

0882 にもつ

[荷物] 니모츠 명 짐

この荷物を運べる?
코노 니모츠오 하코베루?
이 짐을 나를 수 있니?

0883 ニュース

news 뉴-스 명 뉴스

あなたに伝えるニュースがある.
아나타니 츠타에루 뉴-스가 아루
너한테 전할 뉴스가 있어.

0884 にわ

[庭] 니와 명 정원, 뜰

私の家は庭で少しの野菜を栽培している.
와타시노 이에와 니와데 수코시노 야사이오 사이바이시테이루
내 집에서는 정원에서 약간의 야채를 재배하고 있다.

0885

にわとり

[鶏] 니와토리　명 닭

鶏は毎日卵を産む.
니와토리와 마이니치 타마고오 우무
닭은 매일 알을 낳는다.

0886

にんき

[人気] 닝키　명 인기

あの歌手は韓国で人気がある.
아노 카슈와 캉코쿠데 닝키가아루
저 가수는 한국에서 인기 있다.

0887

にんぎょ

[人魚] 닝교　명 인어

人魚がいると思う?
닝교가 이루토 오모우?
인어가 있다고 생각해?

0888 **にんぎょう**

[人形] 닝교- 명 인형

彼女はたくさんの人形を
もっている.
카노죠와타쿠상노 닝교-오 못테이루
그녀는 많은 인형을 가지고 있다.

0889 **にんじん**

[人参] 닌징 명 당근

人参は体にとてもいい
野菜だ.
닌징와 카라다니 토테모 이- 야사이다
당근은 몸에 정말 좋은 채소이다.

ぬ

0890 ぬう

[縫う] 누우
동 바느질하다, 꿰메다

お祖母さん、私のシャツを縫ってください.
오바-상, 와타시노 샤츠오 눗테쿠다사이
할머니, 제 셔츠를 꿰메 주세요.

0891 ぬすむ

[盗む] 누수무 동 훔치다

彼は物を盗んだ罪で監獄に入った.
카레와 모노오 누순다 츠미데 캉고쿠니 하잇타
그는 훔친 죄로 감옥에 들어갔다.

0892 ぬるい

[温い] 누루이　<u>형</u> 미지근하다

お茶が温くなった.
오챠가 누루쿠 낫타
차가 미지근해졌다.

0893 ぬれる

[濡れる] 누레루　<u>동</u> 젖다

私の服が濡れていて着れない.
와타시노 후쿠가 누레테이테 키레나이
내 옷이 젖어 있어서 입을 수 없다.

0894 ね

[根] 네 명 뿌리

植物は根なしには生きることができない.

쇼쿠부츠와 네나시니와 이키루코토가 데키나이

식물은 뿌리 없이는 살 수 없다.

0895 ねがう

[願う] 네가우 동 바라다

あなたが早く戻って来るのを願う.

아나타가 하야쿠 모돗테 쿠루노오 네가우

니가 빨리 돌아오길 바란다.

0896 ネクタイ

necktie 네쿠타이 명 넥타이

お父(とう)さんにネクタイをプレゼントした.
오토-상니 네쿠타이오 푸레젠토시타
아빠에게 넥타이를 선물했다.

0897 ねこ

[猫] 네코 명 고양이

黒(くろ)い猫(ねこ)を見(み)た日(ひ)は運(うん)がない.
쿠로이 네코오 미타 히와 웅가 나이
검은 고양이를 본 날은 운이 없다.

0898 ねずみ

[鼠] 네즈미 명 쥐

家(いえ)に鼠(ねずみ)が多(おお)い.
이에니 네즈미가 오-이
집에 쥐가 많다.

0899 ねずみいろ

[鼠色] 네즈미이로 **명** 회색, 쥐색

お祖父(じい)さんとお祖母(ばあ)さんの髪(かみ)は鼠色(ねずみいろ)だ.

오지-상토 오바-상노 카미와 네즈미이로다

할아버지와 할머니의 머리카락은 쥐색이다.

0900 ねている

[寝ている] 네테이루 **동** 졸리다

お父(とう)さんは寝(ね)ている.

오토-상와 네테이루

아빠는 자고 있다.

0901 ねむい

[眠い] 네무이 **형** 졸리다

昨日(きのう)よく寝(ね)てないから眠(ねむ)い.

키노- 요쿠 네테나이카라 네무이

어제 잘 못자서 졸리다.

0902 ねる

[寝る] 네루 동 잠자다, 자다

あそこで寝ている子は誰?
아소코데 네테이루 코와 다레?
저기에서 자고 있는 애는 누구니?

0903 ねん

[年] 넹 명 년, 해

彼はいつアメリカに行ったの?
카레와 이츠 아메리카니 잇타노?
그는 언제 미국에 갔니?

2年前に行ったよ.
니넹 마에니 잇타요
2년 전에 갔어.

0904 ~ねんせい

[年生] 넨세이 명 학년

私は3年生で、
兄は5年生だ.
와타시와 상넨세이데 아니와 고넨세이다
나는 3학년이고, 형은 5학년이다.

0905 ねんど

[粘土] 넨도 　명 진흙, 점토

私達は粘土で遊んでいる．
와타시타치와 넨도데 아손데이루
우리들은 점토로 놀고 있어.

0906 ねんりょう

[燃料] 넹료- 　명 연료

飛行機の燃料が無くなった．
히코-키노 넹료-가 나쿠낫타
비행기의 연료가 떨어졌다.

の

0907 **のうじょう**

[農場] 노-죠- 명 농장

祖父と祖母は農場に住んでいる.
소후토 소보와 노-죠-니 순데이루
할아버지와 할머니는 농장에 사신다.

0908 **のうふ**

[農夫] 노-후 명 농부

私の父は農夫だ.
와타시노 치치와 노-후다
내 아버지는 농부다.

0909 ノート

note 노-토 <u>명</u> **노트, 공책**

あなたのノート見^みせてくれない?

아나타노 노-토 미세테 쿠레나이?

너의 공책을 보여줄 수 있니?

0910 のこぎり

[鋸] 노코기리 <u>명</u> **톱**

お父^{とう}さんの鋸^{のこぎり}はどこにあるの?

오토-상노 노코기리와 도코니 아루노?

아빠의 톱은 어디에 있어?

0911 のぞく

[除く] 노조쿠
<u>동</u> **제외하다**

私達^{わたしたち}は日曜日^{にちようび}を除^{のぞ}いて毎日^{まいにち}学校^{がっこう}に行^いく.

와타시타치와 니치요-비오 노조이테
마이니치 각코-니 이쿠

우리들은 일요일을 제외하고 매일 학교에 간다.

0912 **のぞみ**

[望み] 노조미 명 소원

あなたの望みは何?
아나타노 노조미와 나니?
너의 소원은 뭐니?

0913 **ノック**

knock 녹쿠 명 노크

誰かがノックした.
다레카가 녹쿠시타
누군가가 노크를 했다

0914 **のばす**

[伸ばす] 노바스 동 뻗다

彼はりんごに手を伸ばした.
카레와 링고니 테오 노바시타
그는 사과에 손을 뻗었다.

のはら

[野原] 노하라 몡 들

農夫が野原で休んでいる.
노-후가 노하라데 야슨데이루
농부가 들에서 쉬고 있다.

のぼる

[登る] 노보루
동 등산하다, (산에) 오르다

私達はハンラサンに登る予定だ.
와타시타치와 항라산니 노보루 요테이다
우리들은 한라산에 오를 예정이다.

のむ

[飲む] 노무
동 (약을) 삼키다, 마시다

その薬を飲みなさい.
소노 쿠수리오 노미나사이
그 약을 삼켜라!

0918 のり

[糊] 노리 명 풀

あなたの糊貸してもらえるかな.
아나타노 노리 카시테모라에루카나
네 풀을 빌릴 수 있을까?

0919 のりもの

[乗り物] 노리모노 명 탈 것

どんな乗り物に乗って行こうか.
돈나 노리모노니 놋테 이코-카
어떤 탈 것을 타고 갈까?

0920 のる

[乗る] 노루 동 타다

彼は車に乗っている.
카레와 쿠루마니 놋테이루
그는 차를 타고 있다.

は

0921 は

[歯] 하 명 이, 치아

歯が痛いなら歯科に行きなさい．
하가 이타이나라 시카니 이키나사이
이가 아프면 치과에 가렴

0922 パーティ

party 파-티 명 파티

今日は私の誕生日パーティをする．
쿄-와 와타시노 탄죠-비 파-티오 수루
오늘은 내 생일 파티를 한다

0923 はい

하이 <u>감</u> 예, 네

あなたは日本語で話せる?
아나타와 니홍고데 하나세루?
너는 일본어로 말할 수 있니?

はい、ちょっと話せます.
하이, 춋토 하나세마스
네, 조금이지만 말할 수 있어요.

0924 パイ

pie 파이 <u>명</u> 파이

私はパイが大好きだ.
와타시와 파이가 다이스키다
나는 파이를 가장 좋아한다.

0925 バイオリン

violin 바이오링 <u>명</u> 바이올린

バイオリンが上手ね.
바이오링가 죠-즈네
바이올린 잘 켜는구나.

ありがとう.
아리가토-
고마워.

0926 **ハイキング**

hiking 하이킹구 図 하이킹

ハイキングに行こう.
하이킹구니 이코-
하이킹 가자.

0927 **はいしゃさん**

[歯医者さん] 하이샤상 図 치과의사

ジンスのお父さんは
歯医者さんだ.
진수노 오토-상와 하이샤상다
진수의 아버지는 치과 의사시다.

0928 **はいたつ**

[配達] 하이타츠 図 배달

集配人はいつも配達の
仕事をしてる.
슈-하이닝와 이츠모 하이타츠노
시고토오 시테루
집배원은 항상 배달 일을 한다.

0929 パイプ

pipe 파이푸 명 파이프

水はこのパイプから流れてる.
미즈와 코노 파이푸카라 나가레테루
물은 이 파이프를 통해 흐르고 있다.

0930 はいゆう

[俳優] 하이유- 명 배우

私は有名な俳優になりたい.
와타시와 유-메이나 하이유-니 나리타이
나는 유명한 배우가 되고 싶다.

0931 はいる

[入る] 하이루 동 들어가다

部屋に入る前にノックしなさいよ.
헤야니 하이루 마에니 녹쿠시나사이요
방에 들어오기 전에 노크를 해!

0932 パイロット

pilot 파이롯토 명 파일럿

彼は飛行機のパイロットだ.
카레와 히코-키노 파이롯토다
그는 비행기 조종사다.

0933 パインアップル

pineapple 파잉압푸루 명 파인애플

私はパインアップルが好きだ.
와타시와 파잉압푸루가 스키다
나는 파인애플을 좋아한다.

0934 はう

[這う] 하우 동 기어가다

赤ちゃんが部屋の中を這い回る.
아카창가 헤야노 나카오 하이마와루
아기가 방안을 기어 다닌다.

0935 はえ

[蠅] 하에 [명] 파리

蠅はよく見られる虫の一つだ.
하에와 요쿠 미라레루 무시노 히토츠다
파리는 흔히 보이는 곤충 중 하나이다.

0936 ばか

[馬鹿] 바카 [명] 바보, 멍청이

馬鹿みたいに行動しないで.
바카미타이니 코-도-시나이데
바보처럼 행동하지마!

0937 はがき

[葉書] 하가키 [명] 엽서

彼女は私に葉書を送った.
카노죠와 와타시니 하가키오 오쿳타
그녀는 나에게 엽서를 보냈다.

0938 はかり

[秤] 하카리 명 저울

あなたの荷物を秤の上におきなさい.
아나타노 니모츠오 하카리노 우에니 오키나사이
당신의 짐을 저울 위에 올려주세요.

0939 はく

[掃く] 하쿠 동 쓸다

お母さんは毎日部屋を掃く.
오카-상와 마이니치 헤야오 하쿠
엄마는 매일 방을 쓰신다.

0940 はくちょう

[白鳥] 하쿠죠- 명 백조

白鳥は美しい鳥だ.
하쿠죠-와 우츠쿠시-토리다
백조는 아름다운 새다.

0941 はくぶつかん

[博物館] 하쿠부츠캉 몡 박물관

彼らは博物館に行った.
카레라와 하쿠부츠칸니 잇타
그들은 박물관에 갔다.

0942 はこ

[箱] 하코 몡 상자

ここにあなたのための箱があるよ.
코코니 아나타노 타메노 하코가 아루요
여기에 너를 위한 상자가 있어.

0943 はこぶ

[運ぶ] 하코부 동 나르다, 운반하다

その服を箱に入れて運びなさい.
소노 후쿠오 하코니 이레테 하코비나사이
그 옷을 상자에 넣어 나르세요.

0944 はさまる

[挟まる] 하사마루 [동] 끼다

指が穴に挟まった.
유비가 아나니 하사맛타
손가락이 구멍에 끼었다.

0945 はさみ

[鋏] 하사미 [명] 가위

この鋏で紙を切る.
코노 하사미데 카미오 키루
이 가위로 종이를 자른다.

0946 はし

[橋] 하시 [명] 다리

ハンガンを渡る橋は何個ある?
항강오 와타루 하시와 낭코아루?
한강을 건너는 다리는 몇 개있지?

0947 はし

[箱] 하시 ⓜ 젓가락

なぜ私達は箸を使って食べるんだろう．
나제 와타시타치와 하시오 츠캇테 타베룬다로-
왜 우리들은 젓가락을 사용해서 먹을까?

0948 はしご

[梯子] 하시고 ⓜ 사다리

彼は梯子の上で働いている．
카레와 하시고노 우에데 하타라이테이루
그는 사다리 위에서 일하고 있다.

0949 はじまる

[始まる] 하지마루 ⓥ 시작하다

授業は普通9時に始まる．
쥬교-와 후츠- 쿠지니 하지마루
수업은 보통 9시에 시작한다.

0950 ばしゃ

[馬車] 바샤 명 **마차**

インディアンたちが馬車を攻撃した.
인디안타치가 바샤오 코-게키시타
인디언들이 마차를 공격했다.

0951 ばしょ

[場所] 바쇼 명 **장소**

この部屋は秘密の場所だ.
코노 헤야와 히미츠노 바쇼다
이 방은 비밀 장소다.

0952 はしる

[走る] 하시루 동 **달리다, 뛰다**

私は急いで走った.
와타시와 이소이데 하싯타
나는 서둘러서 달렸다.

0953 バス

bus 바스 몡 버스

バスに乗りなさい.
すぐ出発するよ.
바스니 노리나사이. 수구 슛파츠수루요
버스에 타렴. 바로 출발 할거야.

0954 パズル

puzzle 파즈르 몡 퍼즐

このパズルは解くのが難しい.
코노 파즈르와 토쿠노가 무즈카시-
이 퍼즐은 풀기가 어렵다.

0955 はた

[旗] 하타 몡 깃발

空に旗がはためく.
소라니 하타가 하타메쿠
하늘에 깃발이 펄럭인다.

0956 バター

butter 바타- 명 버터

私達(わたしたち)はいつもバターとチーズを食(た)べる.
와타시타치와 이츠모 바타-토 치-즈오 타베루
우리들은 항상 버터와 치즈를 먹는다.

0957 はたち

[二十歳] 하타치 명 20세, 스무살

あなたのお姉(ねえ)さんは何才(なんさい)?
아나타노 오네-상와 난사이?
너의 누나는 몇 살이니?

二十歳(はたち)だよ.
하타치다요
스무 살이야.

0958 はちがつ

[八月] 하치가츠 명 팔월

私(わたし)は八月(はちがつ)生まれだ.
와타시와 하치가츠 우마레다
나는 8월생이다.

0959 はっけん

[発見] 학켕 명 **발견**

彼は機械の作り方を発見した.
카레와 키카이노 츠쿠리카타오 학켕시타
그는 기계의 만드는 방법을 발견하였다.

0960 バット

bat 밧토 명 **배트, 야구방망이**

あなたのバットはどこにあるの?
아나타노 밧토와 도코니 아루노?
네 배트는 어디에 있니?

0961 はっぱ

[葉っぱ] 합파 명 **잎, 나뭇잎**

私は奇麗な葉っぱを一つ拾った.
와타시와 키레이나 합파오 히토츠 히롯타
나는 예쁜 나뭇잎을 하나 주웠다.

0962 はつめい

[発明] 하츠메이 <u>명</u> 발명

エジソンは電球を発明した.
에지송와 뎅큐-오 하츠메이시타
에디슨은 전구를 발명했다.

0963 はと

[鳩] 하토 <u>명</u> 비둘기

鳩は平和の象徴だ.
하토와 헤이와노 쇼-쵸-다
비둘기는 평화의 상징이다.

0964 はな

[鼻] 하나 <u>명</u> 코

彼女は鼻が大きい.
카노죠와 하나가 오-키이
그녀는 코가 크다.

0965 はな

[花] 하나 圀 꽃

奇麗な花が咲いた.
키레이나 하나가 사이타
예쁜 꽃이 피었다.

0966 はなし

[話] 하나시 圀 이야기

私は不思議な話が好きだ.
와타시와 후시기나 하나시가 수키다
나는 신비한 이야기를 좋아한다.

0967 はなす

[話す] 하나스 圐 말하다, 이야기하다

あなたが話した人があの子なの?
아나타가 하나시타 히토가 아노코나노?
네가 말한 사람이 저 애니?

0968 バナナ

banana 바나나 명 바나나

イファちゃん、バナナ一つ食べない?
이화창 바나나 히토츠 타베나이?
이화야 바나나 하나 먹을래?

0969 はなび

[花火] 하나비 명 불꽃놀이

新年花火大会があった.
신넹 하나비타이카이가 앗타
신년에 불꽃놀이 대회가 있었다.

0970 はなれる

[離れる] 하나레루 동 떨어지다

私から離れろ!
와다시카라 하나레로!
나에게서 떨어져!

0971 はね

[羽] 하네 명 날개, 깃털

私の枕は羽が入っている.
와타시노 마쿠라와 하네가 하잇테이루
내 베개는 깃털로 채워져 있다.

0972 はは

[母] 하하 명 어머니

母は台所にいる.
하하와 다이도코로니 이루
어머니는 부엌에 계신다.

0973 はhaのひ

[母の日] 하하노히 명 어버이날

母の日にカーネーションをお父さんとお母さんの胸に付けてあげた.
하하노히니 카-네-숑오 오토-상토 오카-상노 무네니 츠케테아게타
어버이날에 카네이션을 아빠와 엄마의 가슴에 달아드렸다.

0974 ハム

ham 하무 <u>명</u> 햄

私_{わたし}はハムサンドイッチが好_すきだ.

와타시와 하무 산도잇치가 스키다
나는 햄 샌드위치를 좋아한다.

0975 はやい

[速い] 하야이 <u>형</u> 빠르다

もっと速_{はや}く運転_{うんてん}できませんか.

못토 하야쿠 운텐데키마셍카?
좀 더 빨리 운전할 수 없습니까?

0976 はやい

[早い] 하야이 <u>부</u> 일찍, 일찍이

私_{わたし}はいつも早_{はや}く起_おきる.

와타시와 이츠모 하야쿠 오키루
나는 늘 일찍 일어난다.

0977 ばら

[薔薇] 바라 명 **장미**

薔薇は魅力的な花だ.
바라와 미료쿠테키나 하나다
장미는 매력적인 꽃이다.

0978 はり

[針] 하리 명 **바늘**

この針は鋭い.
코노 하리와 수루도이
이 바늘은 날카롭다.

0979 はる

[春] 하루 명 **봄**

春にはいろいろな花が咲く.
하루니와 이로이로나 하나가 사쿠
봄에는 여러 가지 꽃이 핀다.

0980 バレエ

ballet 바레에 <u>명</u> 발레

私は2年バレエを習った.
와타시와 니넹 바레에오 나랏타
나는 2년 동안 발레를 배웠다.

0981 パレード

parade 파레-도 <u>명</u> 퍼레이드

パレードに参加してみよう.
파레-도니 상카시테 미요-
퍼레이드에 참가해보자.

0982 バレーボール

Volley ball 바레-보-루 <u>명</u> 배구

兄はバレーボールの選手だ.
아니와 바레-보-루노 센슈다
형은 배구 선수다.

0983 はれる

[晴れる] 하레루 동 **맑다**

今日はすごく晴れている.
쿄-와 스고쿠 하레테이루
오늘은 무척 맑은 날씨다.

0984 パン

팡 명 **빵**

私はパンとバターが好き.
와타시와 팡토 바타-가 스키
나는 빵과 버터를 좋아한다.

0985 ハンカチ

항카치 명 **손수건**

母がこのハンカチをくれた.
하하가 코노 항카치오 쿠레타
어머니께서 이 손수건을 주셨어.

0986 ばんごう

[番号] 방고- 명 번호

あなたの電話番号は何?
아나타노 뎅와 방고- 와 나니?
네 전화번호는 뭐니?

0987 はんたい

[反対] 한타이 명 반대

私はあなたの意見に反対だ.
와타시와 아나타노 이켄니 한타이다
나는 너의 의견에 반대다.

0988 バンド

band 반도 명 밴드, 악단

この子供バンドは有名だ.
코노 코도모반도와 유-메이다
이 어린이 악단은 유명하다.

0989 ハンバーガー

hamburger 함바-가- 명 햄버거

私は昼にハンバーガーが食べたい.
와타시와 히루니 함바-가-가 타베타이
나는 낮에 햄버거가 먹고 싶다.

0990 はんぶん

[半分] 함붕 명 절반

この肉は半分ほど焼けたよ.
코노 니쿠와 함붕호도 야케타요
이 고기는 절반 정도 익었어.

ひ

0991 **ひ**

[火] 히 명 불

火遊びは悪い事です.
히아소비와 와루이 코토데스
불장난은 나쁩니다.

0992 **ピアノ**

piano 피아노 명 피아노

私はピアノが上手だ.
와타시와 피아노가 죠-즈다
나는 피아노를 잘 친다.

0993 ピーナッツ

peanuts 피-낫츠 명 땅콩

私(わたし)はピーナッツバターをつけた(す)パンが好きだ.
와타시와 피-낫츠 바타-오 츠케타 팡가 스키다
나는 땅콩 버터를 바른 빵을 좋아한다.

0994 ピエロ

pierrot 피에로 명 피에로, 광대

ピエロがボールの上(うえ)で動(うご)いている.
피에로가 보-루노 우에데 우고이테이루
광대가 공 위에서 움직이고 있다.

0995 ひがし

[東] 히가시 명 동쪽

私(わたし)の学校(がっこう)はソウルの東(ひがし)にある.
와타시노 각코-와 서우루노 히가시니 아루
내 학교는 서울 동쪽에 있다.

0996 ひかり

[光] 히카리 명 빛

蠟燭の光が光る.
로-소쿠노 히카리가 히카루
촛불 빛이 빛난다.

0997 ひかる

[光る] 히카루 동 빛나다, 빛을 내다

ベットの横の灯りが光ってる.
벳토노 요코노 아카리가 히캇테루
침대 옆에 있는 등이 빛을 내고 있다.

0998 ひきだし

[引き出し] 히키다시 명 서랍

あなたの引き出しをかたづけなさい. 汚いよ.
아나타노 히키다시오 카타즈케나사이.
키타나이요
네 서랍을 정리해라. 지저분해.

0999 ひくい

[低い] 히쿠이 <u>형</u> 낮다

飛行機が低く飛んでいる.
히코-키가 히쿠쿠 톤데이루
비행기가 낮게 날고 있다.

1000 ひこうき

[飛行機] 히코-키 <u>명</u> 비행기

日本まで飛行機で行く.
니홍마데 히코-키데 이쿠
일본까지 비행기로 간다.

1001 ひざ

[膝] 히자 <u>명</u> 무릎

彼は転んで膝を怪我した.
카레와 코롱데 히자오 케가시타
그는 구르면서 무릎을 다쳤다.

1002 ピザ

pizza 피자 <u>명</u> 피자

ピザはイタリアの食(た)べ物(もの)だ.
피자와 이타리아노 타베모노다
피자는 이탈리아 음식이다.

1003 ひじ

[肘] 히지 <u>명</u> 팔꿈치

肘(ひじ)で私(わたし)を押(お)すなよ.
히지데 와타시오 오스나요
팔꿈치로 날 밀지마.

1004 ビジネス

business 비지네스 <u>명</u> 비즈니스

私(わたし)の父(ちち)はビジネスをしています.
와타시노 치치와 비지네스오 시테이마스
내 아버지는 비즈니스 일을 하십니다.

1005 びじゅつ

[美術] 비쥬츠　명 미술

美術は私が大好きな科目だ.
비쥬츠와 와타시가 다이스키나 카모쿠다
미술은 내가 좋아하는 과목이다.

1006 ビスケット

biscuit 비스켓토　명 비스킷

私のビスケットどこにある?
와타시노 비스켓토 도코니 아루?
내 비스킷 어딨어?

1007 ひだり

[左] 히다리　명 왼쪽

左はどこですか.
히다리와 도코데스카
왼쪽은 어디입니까?

びっくりする

빅쿠리수루 동 깜짝 놀라다, 놀라다

少年はびっくりした顔だった.
쇼-넹와 빅쿠리시타 카오닷타
소년는 깜짝 놀란 얼굴이었다.

ピッチャー

pitcher 핏쨔- 명 투수

彼は有名なピッチャーだ.
카레와 유-메이나 핏쨔-다
그는 유명한 투수다.

ひっぱる

[引っ張る] 힙파루
동 이끌다, 잡아당기다

このピアノあなたが押して、私が引っ張るから.
코노 피아노 아나타가 오시테,
와타시가 힙파루카라
이 피아노 네가 밀어, 내가 당길게.

1011 ひふ

[皮膚] 히후 [명] 피부

彼は皮膚病がある.
카레와 히후뵤-가 아루
그는 피부병이 있다.

1012 ひつよう

[必要] 히츠요- [명] 필요

あなたは睡眠が必要だ.
아나타와 수이밍가 히츠요-다
너는 수면이 필요해.

1013 ビデオ

Video 비데오 [명] 비디오

このビデオ映画はとても面白いよ.
코노 비데오 에이가와 토테모 오모시로이요
이 비디오 영화는 정말 재미있어.

1014 **ひと**

[人] 히토 명 사람

人は一人で生きれない.
히토와 히토리데 이키레나이
사람은 혼자서 살 수 없다.

1015 **ひとたち**

[人達] 히토타치 명 사람들

彼らはとてもいい人達だ.
카레라와 토테모 이- 히토타치다
그들은 정말로 좋은 사람들이다.

1016 **ひとつ**

[一つ] 히토츠 명 하나

これ一つちょうだい.
코레 히토츠 쵸-다이
이거 하나 줘.

1017 ひとり(で)

[一人(で)] 히토리(데)
조 홀로, 혼자(서)

家の留守番を一人でした.
이에노 루수방오 히토리데시타
집 보기를 혼자서 했다.

1018 ひみつ

[秘密] 히미츠　명 비밀

誰にも言わないでよ.
これは秘密だから.
다레니모 이와나이데요.
코레와 히미츠다카라
누구한테도 말하지마. 이건 비밀이니까.

1019 ひめ

[姫] 히메　명 공주

姫は宮殿に住む.
히메와 큐-덴니 수무
공주는 궁전에 산다.

1020 ひめい

[悲鳴] 히메이 명 비명

虎に出会った時、悲鳴をあげた.

토라니 데앗타 토키 히메이오 아게타

호랑이를 만났을 때 비명을 질렀다.

1021 ひも

[紐] 히모 명 줄, 끈

ミナは紐で彼女の鞄をしばった.

미나와 히모데 카노죠노 카방오 시밧타

민아는 끈으로 그녀의 가방을 묶었다.

1022 ひゃく

[百] 햐쿠 명 백, 100

私は昨日100メートル競争で勝った.

와타시와 키노- 햐쿠메-토루쿄-소-데 캇타

나는 어제 100미터 경주에서 이겼다.

1023 びょういん

[病院] 효-잉 명 병원

彼は昨日病院に入院した.
카레와 키노- 뵤-인니 뉴-인시타
그는 어제 병원에 입원했다.

1024 ひょうげん

[表現] 효-겡 명 표현

その事を口で表現するのは難しい.
소노 코토오 쿠치데 효-겡수루노와 무즈카시-
그 일을 입으로 표현하는 것은 어렵다.

1025 ひょうじ

[表示] 효-지 명 표시

私の本だと前に表示してある.
와타시노 혼다토 마에니 효-지시테아루
내 책이라고 앞에 표시되어 있다.

1026 ひょうじばん

[標示板] 효-지방 명 표시판

交通の標示板がある.
코-츠-노 효-지방가 아루
교통 표지판이 있다.

1027 ひよこ

[雛] 히요코 명 병아리

雛たちが庭で遊んでいる.
히요코타치가 니와데 아손데이루
병아리들이 정원에서 놀고 있다.

1028 びり

비리 명 맨 끝, 꼴찌

彼女はクラスでびりだ.
카노죠와 쿠라스데 비리다
그녀는 반에서 꼴찌다.

1029 **ひるごはん**

[昼御飯] 히루고항 <u>명</u> 점심

あなたは昼御飯に何を食べた?
아나타와 히루고항니 나니오 타베타?
너는 점심으로 무엇을 먹었니?

ピザを食べたよ.
피자오 타베타요
피자를 먹었어.

1030 **ひるね**

[昼寝] 히루네 <u>명</u> 낮잠

私は昼寝した.
와타시와 히루네시타
나는 낮잠을 잤다.

1031 **ひろい**

[広い] 히로이 <u>형</u> 넓다

すごく広い道路だな.
수고쿠 히로이 도-로다나
굉장히 넓은 도로구나.

1032 ひろう

[拾う] 히로우 통 줍다

私の帽子を拾って下さい.
와타시노 보-시오 히롯테 쿠다사이
내 모자를 주워 주세요.

1033 ひろげる

[広げる] 히로게루 통 펼치다, 펴다

地図を広げてみて.
치즈오 히로게테미테
지도를 펴봐.

1034 ひろば

[広場] 히로바 명 광장

市場は町の広場で開く.
이치바와 마치노 히로바데 히라쿠
시장은 마을 광장에서 열린다.

1035 ピン

pin 핑 [명] 핀

彼女は絵をドアにピンで差した.
카노죠와 에오 도아니 핀데 사시타
그녀는 문에 그림을 핀으로 꽂았다.

1036 びん

[瓶] 빙 [명] 병

私は毎朝、牛乳を一瓶飲む.
와타시와 마이아사 규-뉴-오 히토빙 노무
나는 매일 아침 우유 한 병 마신다.

1037 びんぼう

[貧乏] 빔보- [명] 가난, 빈곤

彼がおさないごろは貧乏だった.
카레가 오사나이고로와 빔보-닷타
그가 어렸을 때는 가난했다.

ふ

1038 ふうせん

[風船] 후-셍　명 풍선

お父さん、風船一つ買って下さい.
오토-상 후-셍 히토츠 캇테 쿠다사이
아빠, 풍선 하나 사주세요.

1039 ふうとう

[封筒] 후-토-　명 봉투

封筒に住所を書きなさい.
후-도-니 수-쇼오 카키나사이
봉투에 주소를 써라.

1040 プール

pool 푸-루 ^명 수영장, 풀

私達はプールで泳いだ.
와타시타치와 푸-루데 오요이다
우리들은 수영장에서 수영했다.

1041 フォーク

fork 훠-쿠 ^명 포크

フォークを使って食べなさい.
훠-쿠오 츠캇테 타베나사이
포크를 사용해서 먹어라.

1042 ふか

[孵化] 후카 ^명 부화

卵が孵化した.
타마고가 후카시타
알이 부화했다.

1043 ふかい

[深い] 후카이 「형」깊다

木に深い穴がある.
키니 후카이 아나가 아루
나무에 깊은 구멍이 있다.

1044 ふかのう

[不可能] 후카노- 「명」불가능

永遠に生きるのは不可能だ.
에이엔니 이키루노와 후카노-다
영원히 사는 건 불가능하다.

ふく [服] 후쿠　명 옷, 의류

ユニホーム
[Uniform] 유니호-무
유니폼

コート
[coat] 코-토
코트

てぶくろ
[手袋] 테부쿠로
장갑

ティーシャツ
[t-shirt] 티-샷츠
티셔츠

くつした
[靴下] 쿠츠시타
양말

ぼうし
[帽子] 보-시
모자

したぎ
[下着] 시타기
내의

ねまき
[寝巻] 네마키
잠옷

セーター
[Sweater] 세-타
스웨터

スカート
[skirt] 스카-토
스커트

ガウン
[gown] 까운
가운

ブラウス
[Blouse] 부라우스
블라우스

ワークパンツ
[work pants]
와-쿠 판츠 작업바지

はんズボン
[半ズボン] 한즈봉
반바지

せびろ
[背広] 세비로
양복

スカーフ
[scarf] 스카-후
스카프

きもの
[着物] 키모노
기모노

ベルト
[belt] 베루토
벨트

1046 ふく

[吹く] 후쿠 동 (바람이) 불다

窓を閉めて. 風が強く吹いている.

마도오 시메테. 카제가 츠요쿠 후이테이루

창문을 닫아라. 바람이 세게 분다.

1047 ふこう

[不幸] 후코- 명 불행

彼は自分が不幸だと思ってる.

카레와 지붕가 후코-다토 오못테루

그는 자신이 불행하다고 생각한다.

1048 ふた

[蓋] 후타 명 뚜껑, 덮개

蓋を開けて.

후타오 아케테

뚜껑을 열어.

1049

ぶた

[豚] 부타　명 돼지

彼(かれ)は豚(ぶた)みたいに太(ふと)ってる.
카레와 부타미타이니 후톳테루
그는 돼지처럼 뚱뚱하다.

1050

ぶたい

[舞台] 부타이　명 무대

舞台(ぶたい)に2人(ふたり)の俳優(はいゆう)がいる.
부타이니 후타리노 하이유-가 이루
무대에 두명의 배우가 있다.

1051

ふたご

[双子] 후타고　명 쌍둥이

ウジンとウミンは双子(ふたご)だ.
우진토 우밍와 후타고다
우진이와 우민이는 쌍둥이다.

1052 ふたつとも

[二つとも] 후타츠토모
접미 둘 다, 양쪽 다

私はペンと消ゴム二つとも必要だ.

와타시와 펜토 케시고무 후타츠토모 히츠요-다

나는 펜과 지우개 둘 다 필요하다.

1053 ふつう

[普通] 후츠- 명 보통

私は普通昼を12時に食べる.

와타시와 후츠- 히루오 쥬-니지니 타베루

나는 보통 점심을 12시에 먹는다.

1054 ぶつかる

부츠카루 동 부딪치다, 충돌하다

木に車がぶつかった.

키니 쿠루마가 부츠캇타

나무에 차가 부딪쳤다.

ふでたて

[筆立て] 후데타테 <u>명</u> 필통

あなたの筆立てはここにあるよ.
아나타노 후데타테와 코코니 아루요
네 필통은 여기 있어.

ぶどう

[葡萄] 부도- <u>명</u> 포도

私はオレンジより葡萄の方が好きだ.
와타시와 오렌지-요리 부도노 호-가 수키다
나는 오렌지보다 포도쪽을 좋아한다.

ふとる

[太る] 후토루 <u>동</u> 살이 찌다

もしあなたが運動しないとすぐ太るよ.
모시 아나타가 운도-시나이토 수구 후토루요
만약에 니가 운동을 하지 않는다면 금방 살이 찔거야.

ふね

[船] 후네 명 배

私は去年船で日本へ行った.
와타시와 쿄넹 후네데 니홍에 잇타
나는 작년에 배로 일본에 갔다.

ふぼ

[父母] 후보 명 부모

父母は私にプレゼントをくれた.
후보와 와타시니 푸레젠토오 쿠레타
부모님은 나에게 선물을 주셨다.

ふゆ

[冬] 후유 명 겨울

冬は私が一番好きな季節だ.
후유와 와타시가 이치방 수키나 키세츠다
겨울은 내가 가장 좋아하는 계절이다.

ブラウス

blouse 부라우스 명 블라우스

新しいブラウス本当に似合ってるね.
아타라시- 부라우스 혼토-니 니앗테루네
새로운 블라우스 정말 어울리네.

フランス

France 후란스 명 프랑스

フランスは何で有名なの?
후란스와 나니데 유-메이나노?
프랑스는 무엇으로 유명하니?

プリン

pudding 푸링 명 푸딩

このプリンはとてもおいしい.
코노 푸링와 토테모 오이시-
이 푸딩은 정말 맛있다.

プリント

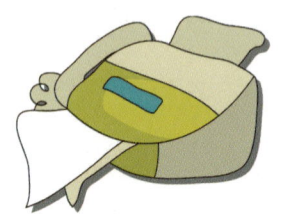

print 푸린토 명 프린트

彼_{かれ}らはプリントを印刷_{いんさつ}している.

카레라와 푸린토오 인사츠시테이루

그들은 프린트를 인쇄하고 있다.

プレゼント

present 푸레젠토 명 선물

父_{ちち}は私_{わたし}にコンピュータをプレゼントしてくれた.

치치와 와타시니 콤퓨-타오 푸레젠토시테쿠레타

아버지는 나에게 컴퓨터를 선물하셨다.

ふん

[分] 훈 명 분(시간단위)

急_{いそ}いで! あなたには5分_{ごふん}しか時間_{じかん}がない.

이소이데 아나타니와 고훈시카 지캉가나이

서둘러, 너는 5분밖에 시간이 없어.

へ

1067 へいわ

[平和] 헤이와　명 평화

みんなは平和を願う.
민나와 헤이와오 네가우
모두는 평화를 원한다.

1068 ペイント

paint 페인토　명 페인트

青いペイントで壁を塗って!
아오이 페인토데 카베오 눗테!
파란 페인트로 벽을 칠해라.

1069 ベーカー

baker 베-카- 명 베이커

春子(はるこ)のお父(とう)さんはベーカーだ.
하루코노 오토-상와 베-카-다
하루코의 아버지는 빵을 굽는 사람이다.

1070 ベーカリー

bakery 베-카리-
명 베이커리, 제과점

私(わたし)はクラウンベーカリーでパンを買(か)った.
와타시와 크라운 베-카리-데 팡오 캇타
나는 크라운 베이커리에서 빵을 샀다.

1071 ベーコン

bacon 베-콩 명 베이컨

私(わたし)はベーコンが好(す)きだ.
와타시와 베-콩가 스키다
나는 베이컨을 좋아한다.

1072 ページ

page 페-지 명 페이지, 쪽

52ページを読んでみて.
고쥬-니페-지오 욘데미테
52페이지를 읽어봐.

1073 へただ

[下手だ] 헤타다
형동 못한다, 잘 못한다

私は料理が下手だ.
와타시와 료-리가 헤타다
나는 요리를 못한다.

1074 ベッド

bed 벳도 명 침대

ベッドから起きなさい.
もう8時だよ.
벳도카라 오키나사이. 모- 하치지다요
침대에서 일어나렴. 벌써 8시야.

1075 ペット

pet 펫토 명 펫, 애완동물

どんなペットが好き?
돈나 펫토가 스키?
어떤 애완동물이 좋니?

私は犬が好き.
와타시와 이누가 스키
나는 개가 좋아.

1076 へび

[蛇] 헤비 명 뱀

毒を持っている蛇は危険だ.
도쿠오 못테이루 헤비와 키켄다
독을 가진 뱀은 위험하다.

1077 へや

[部屋] 헤야 명 방

ここが私の部屋です.
코코가 와타시노 헤야데스
여기가 제 방입니다.

1078 ヘリコプター

helicopter 헤리코푸타 _명 헬리콥터

私は昨日ヘリコプターに乗った.
와타시와 키노- 헤리코푸타-니 놋타
나는 어제 헬리콥터를 탔다.

1079 ヘルメット

helmet 헤르멧토 _명 헬멧

頭を保護するためにヘルメットをかぶりなさい.
아타마오 호고수루타메니 헤르멧토오 카부리나사이
머리를 보호하기 위해 헬멧을 써주세요.

1080 ペン

pen 펭 _명 펜

ペンは剣より強い.
펭와 켕요리 츠요이
펜은 칼보다 강하다.

1081 へんじ

[返事] 헨지 **명** 대답, 답장

手紙の返事を待っている.
테가미노 헨지오 맛테이루
편지의 답장을 기다리고 있다.

1082 べんきょう

[勉強] 벵쿄- **명** 공부

私は毎週火曜日に英語の勉強をする.
와타시와 마이슈- 카요-비니 에이고노 벵쿄-오 수루
나는 매주 화요일에 영어 공부를 한다.

1083 へんだ

[変だ] 헨 **형동** 이상하다

今変な声聞こえなかった?
이마 헨나 코에 키코에나캇타?
지금 이상한 소리 못 들었어?

1084 ベンチ

bench 벤치 명 벤치

ペイントをしたので、ベンチに座らないで下さい．
페인토오 시타노데 벤치니 스와라나이데 쿠다사이
페인트 칠을 했으니 벤치에 앉지 마세요.

1085 べんりだ

[便利だ] 벤리다 형동 편리하다

この刀は便利だ．
코노 카타나와 벤리다
이 칼은 편리하다.

ほ

1086 ほう

[方] 호- 명 쪽

私達は川の方に歩いた.
와타시타치와 카와노 호-니 아루이타
우리는 강 쪽으로 걸었다.

1087 ほう

[法] 호- 명 법

私達は法を守らなければいけない.
와타시타치와 호-오 마모라나케레바 이케나이
우리들은 법을 지켜야만 한다.

1088 ほうかご

[放課後] 호-카고 명 방과 후

放課後には何をしようかな.
호-카고니와 나니오 시요-카나
방과 후에는 뭘 할까?

1089 ほうき

[箒] 호-키 명 비, 빗자루

箒で掃いてくれない?
호-키데 하이테 쿠레나이?
빗자루로 쓸어주지 않을래?

1090 ほうきゅう

[俸給] 호-큐- 명 봉급

彼は毎週月曜日に俸給をもらう.
카레와 마이슈- 게츠요-비니 호-큐-오 모라우
그는 매주 월요일에 봉급을 받는다.

1091 ぼうけん

[冒険] 보-켕 명 모험

私はいつか冒険をしたい.
와타시와 이츠카 보-켕오 시타이
나는 언젠가 모험을 하고 싶다.

1092 ほうこく

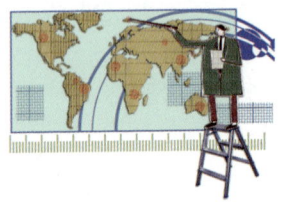

[報告] 호-코쿠 명 보고

彼は敵が来ると報告した.
카레와 테키가 쿠루토 호-코쿠시타
그는 적이 온다고 보고했다.

1093 ほうし

[奉仕] 호-시 명 봉사

奉仕活動はやりがいがあるものだ.
호-시카츠도-와 야리가이가아루 모노다
봉사활동은 보람찬 일이다.

ほうせき [宝石] 호-세키 명 보석

エメラルド
[emerald] 에메라르도
에메랄드

ルビー
[ruby] 루비-
루비

サファイア
[sapphire]
사화이아 사파이어

トルマリン
[tourmaline]
토르마링 토루말린

オパール
[opal]
오파-르 오팔

トルコ石(いし)
[turquoise]
토루코이시 터키석

むらさきずいしょう
[紫水晶]
무라사키수이쇼- 자수정

ガーネット
[garnet]
가-넷토 가넷

トパーズ
[topaz]
토파-즈 토파즈

アクアマリン
[aquamarine]
아쿠아마링 아쿠아마린

ラピスラズリ
[lapis lazuli]
라피스 라즈리 청금석

ダイアモンド
[diamond]
다이아몬도 다이아몬드

1095 ほうもん

[訪問] 호-몬몽　명 방문

私は去年の夏、彼の農場を訪問した.

와타시와 쿄넹노 나츠, 카레노 노-죠-오 호-몬시타

나는 작년 여름, 그의 농장을 방문했다.

1096 ほうもんきゃく

[訪問客] 호-몽캬쿠　명 방문객

皆はアメリカから来た訪問客を歓迎した.

민나와 아메리카카라 키타 호-몽캬쿠오 캉게이시타

모두는 미국에서 온 방문객을 환영했다.

1097 ほうれんそう

호-렌소-　명 시금치

私はほうれんそうが大嫌いだ.

와타시와 호-렌소-가 다이키라이다

나는 시금치가 제일 싫다.

ボート boat 보-토　몡 보트

れんらくせん
[連絡船] 렝라쿠셍
연락선

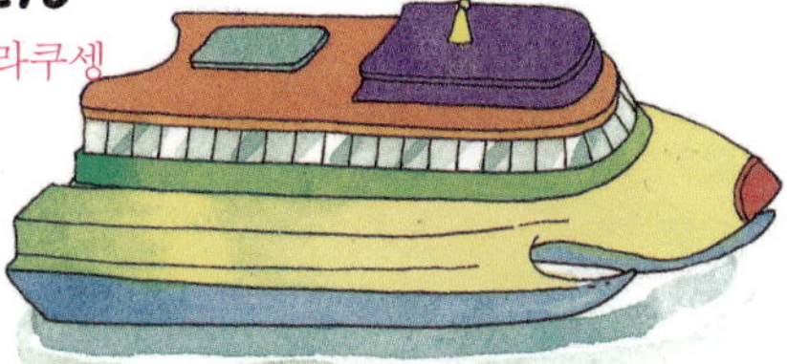

ゆうらんせん
[遊覧船] 유-란셍
유람선

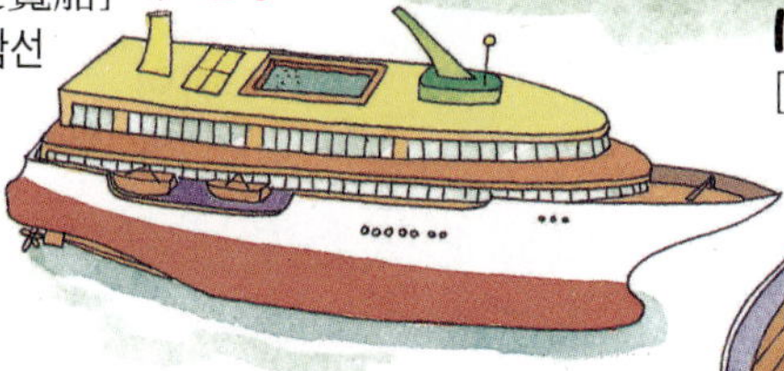

けいさつせん
[警察船] 케-사츠셍 경찰선

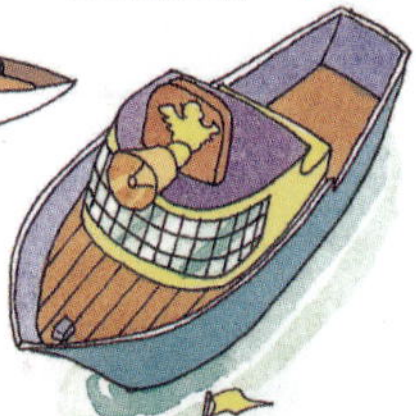

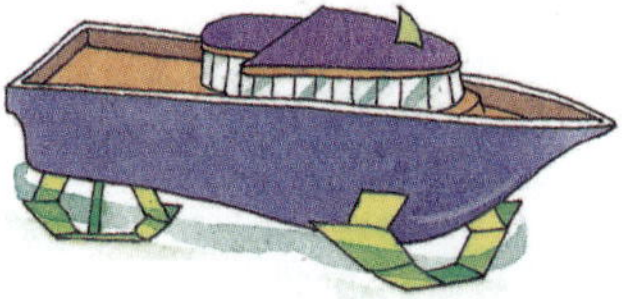

すいちゅうよくせん
[水中翼船] 수이츄-요쿠셍 수중익선

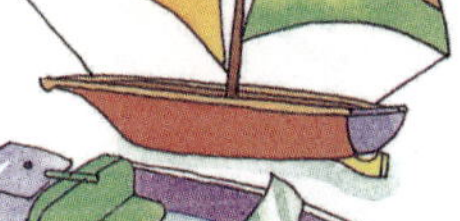

ほかけぶね
[帆掛け船]
호카케부네
돛단배

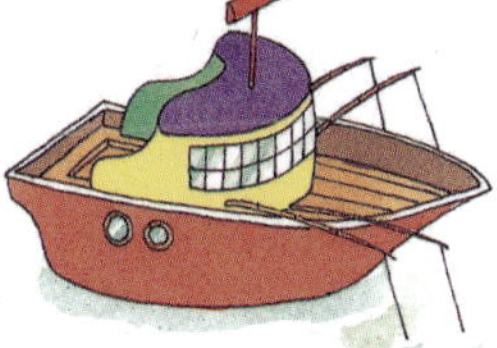

ぎょせん [漁船] 교셍 어선

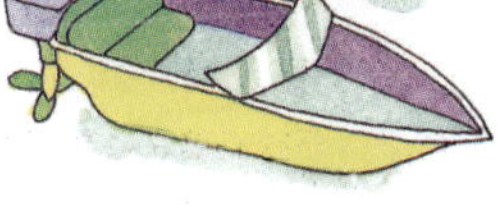

モーターボート
[motorboat]
모-타-보-토 모터 보트

ボール

ball 보-루 명 볼, 공

家の中ではボールで遊ばないで.
이에노 나카데와 보-루데 아소바나이데
집 안에서는 공을 가지고 놀지 마라!

ほか

호카 명 딴 것, 그 외의

ほかの人たちはどこにいますか.
호카노 히토타치와 도코니 이마스카?
다른 사람들은 어디에 있습니까?

ボクシング

boxing 보쿠싱구 명 복싱

私はボクシングが好きだ.
와타시와 보쿠싱구가 수키다
나는 복싱이 좋다.

1102 ポケット

pocket 포켓토 [명] 호주머니

寒いからポケットに手を入れた.
사무이카라 포켓토니 테오 이레타
추워서 호주머니에 손을 넣었다.

1103 ほごする

[保護する] 호고수루 [동] 보호하다

手を保護するために手袋をしなさい.
테오 호고수루타메니 테부쿠로오 시나사이
손을 보호하기 위해 장갑을 껴.

1104 ほこらしい

[誇らしい] 호코라시- [형] 자랑스럽다

私はあなたが誇らしいよ.
와타시와 아나타가 호코라시-요
나는 네가 자랑스러워.

1105

ほこり

[埃] 호코리 명 먼지

あなたの膝の埃を払いなさい.
아나타노 히자노 호코리오 하라이나사이
네 무릎의 먼지 좀 털어라.

1106

ほし

[星] 호시 명 별

暗くなったら星が出る.
쿠라쿠낫타라 호시가 데루
어두워지면 별이 나온다.

1107

ポスター

poster 포스타- 명 포스터

ポスターを作ろう.
포스타-오 츠쿠로-
포스터를 만들자.

1108 ボタン

button 보탕 명 버튼, 단추

そのボタンを押すと機械が動く.
소노 보탕오 오수토 키카이가 우고쿠
그 버튼을 누르면 기계가 움직여.

1109 ポップコーン

popcorn 폽푸코-ㅇ 명 팝콘

映画を見るときポップコーンを食べるのが好きだ.
에이가오 미루토키 폽푸코-ㅇ오 타베루노가 수키다
영화를 볼 때 팝콘을 먹는 것을 좋아한다.

1110 ホテル

hotel 호테루 명 호텔

私は今ホテルにいる.
와타시와 이마 호테루니 이루
나는 지금 호텔에 있다.

1111 ほとんど

호톤도 ㈜ 거의, 대부분

彼女はほとんど友だちが
いない.

카노죠와 호톤도 토모다치가 이나이

그녀는 친구가 거의 없다.

1112 ほね

[骨] 호네 ㈅ 뼈

あなた骨しかないね.

아나타 호네시카 나이네

너 뼈밖에 없구나(=너 정말 말랐구나)

1113 ほほえむ

[微笑む] 호호에무 ㈇ 미소짓다

彼女はにっこりと微笑んだ.

카노죠와 닉코리토 호호엔다

그녀는 아름답게 미소지었다.

1114 ほる

[掘る] 호루 동 파다

深く掘って木を植えよう.
후카쿠 홋테 키오 우에요-
깊이 파서 나무를 심자.

1115 ほん

[本] 홍 명 책

私は絵がない本は嫌いだ.
와타시와 에가 나이 홍와 키라이다
나는 그림이 없는 책은 싫어한다.

1116 ほんとう

[本当] 혼토- 명 정말

あなたが本当に好きです.
아나카가 혼토-니 수키데스
당신을 정말 좋아합니다.

1117 ほんもの

[本物] 홈모노 명 진짜

これは本物のダイアモンドだ.
코레와 홈모노노 다이아몬도다
이것은 진짜 다이아몬드다.

ま

1118 マイナス

minus 마이나스 	명 마이너스

4マイナス3は1だ.
용 마이나스 상와 이치다
4 마이너스 3은 1이다.

1119 まえ

[前] 마에 	명 전, 앞

外に出る前に宿題をしなさい.
소토니 데루 마에니 슈쿠다이오 시나사이
밖에 나가기 전에 숙제를 하렴.

1120 まくら

[枕] 마쿠라 　명 베개

どの枕があなたのなの?
도노 마쿠라가 아나타노 나노?
어떤 베개가 네 것이니?

1121 マジック

magic 마직쿠 　명 매직, 마술, 마법

あなたマジックを信じる?
아나타 마직쿠오 신지루?
너 마술을 믿니?

いや、それ全部トリックだよ.
이야 소레 젠부 토릭쿠다요
아니, 그거 모두 트릭이잖아.

1122 まじめだ

[真面目] 마지메다 　형동 부지런하다

韓国人は真面目だ.
캉코쿠징와 마지메다
한국인은 부지런하다.

1123 まじょ

[魔女] 마죠 　명　마녀

ほうき の　　　　まじょ　ゆめ み
箒に乗った魔女を夢で見た．
호-키니 놋타 마죠오 유메데 미타
빗자루에 탄 마녀를 꿈에서 봤다.

1124 まぜる

[混ぜる] 마제루 　동　섞다

あぶら みず　ま
油と水は混ぜられない．
아부라토 미즈와 마제라레나이
기름과 물은 섞을 수 없다.

1125 また

마타 　부　다시, 또한

わたし　　　　　にほんご　　べんきょう
私はまた日本語の勉強を
はじ
始めた．
와타시와 마타 니홍고노 벵쿄-오 하지메타
나는 다시 일본어 공부를 시작했다.

1126 まだ

마다 <u>부</u> 아직

彼女はまだ来てない.
카노죠와 마다 키테나이
그녀는 아직 오지 않았다.

1127 まだら

[斑] 마다라 <u>명</u> 얼룩

まだ雪が斑に残っている.
마다 유키가 마다라니 노콧데이루
아직 눈이 얼룩덜룩 남아있다.

まち [町] 마치 　명 마을, 도시

きょうかい [教会] 쿄-카이 교회

はくぶつかん [博物館] 하쿠부츠캉 박물관

デパート [depart] 데파-토 백화점

しょうぼうしょ [消防署] 쇼-보-쇼 소방서

パトカー 파토카- 경찰차

しょうぼうしゃ [消防車] 쇼-보-샤 소방차

じんどう [人道] 진도- 인도

こうしゅうでんわ [公衆電話] 코-슈-뎅와 공중전화

1129 まつ

[待つ] 마츠 〖동〗기다리다

急いで! 彼女が待っている.
이소이데, 카노죠가 맛테이루
서둘러! 그녀가 기다리고 있어.

1130 マッチ

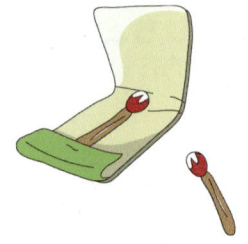

match 맛치 〖명〗성냥

彼女はマッチをつけた.
카노죠와 맛치오 츠케타
그녀는 성냥을 켰다.

1131 まつのき

[松の木] 마츠노키 〖명〗소나무

坂の上に松の木がある.
사카노 우에니 마츠노키가 아루
언덕 위에 소나무가 있다.

1132 ~まで

마데 조 ~까지

あなたが戻るまで待っている.

아나타가 모도루마데 맛테이루

네가 돌아올 때까지 기다린다.

1133 まど

[窓] 마도 명 창문

窓を開けてくれない?

마도오 아케테 쿠레나이?

창문을 열어줄래?

1134 まほうつかい

[魔法使い] 마호-츠카이 명 마법사

私は魔法使いになりたい.

와타시와 마호-츠카이니 나리타이

나는 마법사가 되고 싶다.

1135 まめ

[豆] 마메 명 콩

私は豆が好きだ.
와타시와 마메가 스키다
나는 콩을 좋아한다.

1136 まるい

[丸い] 마루이 형 둥글다

これは丸い.
코레와 마루이
이것은 둥글다.

1137 まわす

[回す] 마와수 동 돌리다

箱を開けるならそれを回して.
하코오 아케루나라 소레오 마와시테
상자를 열려면 그걸 돌려.

1138 まんが

[漫画] 망가 명 만화

兄は今漫画を見ている.
아니와 이마 망가오 미테이루
형은 지금 만화를 보고 있다.

1139 まんなか

[真ん中] 만나카
명 가운데, 중앙, 한가운데

私の家は市内の真ん中にある.
와타시노 이에와 시나이노 만나카니 아루
내 집은 시내 중앙에 있다.

み

1140 **みぎ**

[右] 미기 명 오른쪽

角で右へ行きなさい.
카도데 미기에 이키나사이
모퉁이에서 오른쪽으로 가세요.

1141 **みじかい**

[短い] 미지카이 형 짧다

ジンギョンは髪を短く切った.
진꼉와 카미오 미지카쿠 킷타
진경이는 머리를 짧게 잘랐다.

1142 みず

[水] 미즈 명 물

喉が乾いて水を飲んだ.
노도가 카와이테 미즈오 논다
목이 말라서 물을 마셨다.

1143 みずうみ

[湖] 미즈우미 명 호수

舟を乗りに湖に行こう.
후네오 노리니 미즈우미니 이코-
배타러 호수에 가자.

1144 みずぎわ

[水際] 미즈기와 명 물가

水際で子供たちが遊んでいる.
미즈기와데 코도모타치가 아손데이루
물가에서 어린이들이 놀고 있다.

みせ

[店] 미세 명 가게

靴の店はどこにありますか.
쿠츠노 미세와 도코니 아리마스카?
구두 가게는 어디에 있습니까?

みせる

[見せる] 미세루 동 보여주다

あなたのアルバム見せてくれない?
아나타노 아루바무 미세테 쿠레나이?
너의 앨범을 보여줄래?

みち

[道] 미치 명 길, 도로

この道はとても狭い.
코노 미치와 토테모 세마이
이 길은 정말 좁다.

1148 みちばた

[道端] 미치바타 몡 길가, 길거리

道端で遊ばないで.
미치바타데 아소바나이데
길가에서 놀지 마라.

1149 みつばち

[蜜蜂] 미츠바치 몡 꿀벌

蜜蜂は怖いけど蜂蜜は好きだ.
미츠바치와 코와이케도 하치미츠와 수키다
꿀벌은 무섭지만 꿀은 좋아한다.

1150 みつりん

[密林] 미츠링 몡 밀림

彼らは密林に住む.
카레라와 미츠린니 수무
그들은 밀림에서 산다.

1151 みどり

[緑] 미도리 _명 녹색

私は緑色が好きだ.
와타시와 미도리이로가 수키다
나는 녹색을 좋아한다.

1152 みなさん

[皆さん] 미나상 _대 여러분

皆さん、おはようございます.
미나상, 오하요-고자이마스
여러분 안녕하세요(아침인사)

1153 みなみ

[南] 미나미 _명 남, 남쪽

学校は南の方にある.
각코-와 미나미노 호-니 아루
학교는 남쪽에 있다.

1154 みみ

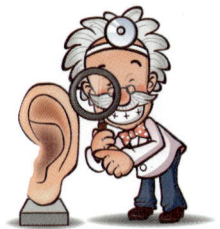

[耳] 미미 명 귀

私達は二つの耳をもっている.
와타시타치와 후타츠노 미미오 못테이루
우리들은 두 개의 귀를 가지고 있다.

1155 みる

[見る] 미루 동 보다

あの美しい花を見て.
아노 우츠쿠시- 하나오 미테
저 아름다운 꽃을 봐.

1156 みんな

[皆] 민나 명 모두, 모든 사람, 전체

皆はパーティーを楽しんだ.
민나와 파-티오 타노신다
모두는 파티를 즐겼다.

1157 むかう

[向かう] 무카우　동 향하다

彼は学校に向かって行った.

카레와 각코-니 무캇테 잇타

그는 학교를 향해 갔다.

1158 むこう

[向こう] 무코-　명 건너편

私は道の向こうにいるブラウンさんを見た.

와타시와 미치노 무코-니이루 브라운상오 미타

나는 길 건너편에 있는 브라운씨를 봤다.

1159 むし

[虫] 무시 〘명〙 벌레

私は虫が怖い.
와타시와 무시가 코와이
나는 벌레가 무섭다.

1160 むずかしい

[難しい] 무즈카시- 〘형〙 어렵다

数学のテストは私には
とても難しい.
수-가쿠노 테스토와 와타시니와
토테모 무즈카시-
수학 시험은 나에겐 정말 어렵다.

1161 むすこ

[息子] 무수코 〘명〙 아들

叔父は息子が2人だ.
오지와 무수코가 후타리다
삼촌은 아들이 두명이다.

1162 むすめ

[娘] 무수메　명 딸

彼女には娘が一人いる.
카노죠니와 무수메가 히토리 이루
그녀에게는 딸이 한 명 있다.

1163 むだつかい

[無駄使い] 무다츠카이　명 낭비

お金の無駄使いしないで.
오카네노 무다츠카이시나이데
돈을 낭비 하지마.

1164 むら

[村] 무라　명 마을

私は小さい村の出身だ.
와타시와 치-사이 무라노 슛신다
나는 작은 마을 출신이다.

1165 むらさきいろ

[紫色] 무라사키이로　명 자주색, 보라색

私が一番好きな色は紫色だ.
와타시가 이치방 수키나 이로와 무라사키이로다
내가 가장 좋아하는 색은 보라색이다.

め

1166 **め** [目] 메 명 눈

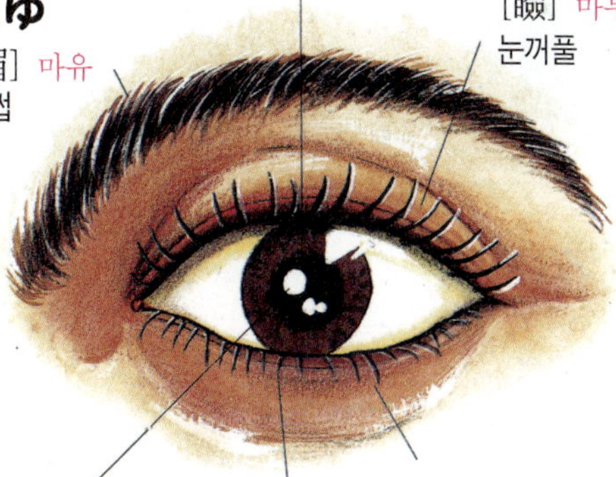

もうまく
[網膜] 모-마쿠
망막
まぶた
[瞼] 마부타
눈꺼풀
まゆ
[眉] 마유
눈썹
ひとみ
[瞳] 히토미
눈동자
まつげ
[睫] 마츠게
속눈썹
まぶた
[瞼] 마부타 눈꺼풀

1167 めい

[姪] 메이 명 조카딸

私の姪はとても可愛い.
와타시노 메이와 토테모 카와이-
내 조카딸은 정말 귀엽다.

1168 メートル

meter 메-토루 명 미터

この高さは30メートルだ.
코노 타카사와 삼쥬메-토루다
이 높이는 30미터이다.

1169 めがね

[眼鏡] 메가네 명 안경

眼鏡をどこに置いたか忘れた.
메가네오 도코니 오이타카 와스레타
안경을 어디에 두었는지 까먹었다.

1170 めくら

[盲] 메쿠라 명 장님, 맹인

彼は盲だから何も見えない.
카레와 메쿠라다카라 나니모 미에나이
그는 장님이니까 아무것도 안 보인다.

1171 めざましどけい

[目覚まし時計] 메자마시도케이 명 자명종

私は目覚まし時計を6時に合わせた.
와타시와 메자마시도케오 로쿠지니 아와세타
나는 자명종을 6시에 맞췄다.

1172 めざめる

[目覚める] 메자메루
동 눈이 떠지다, 깨다

彼女は普通朝早く目覚める.
카노죠와 후츠- 아사 하야쿠 메자메루
그녀는 보통 아침 일찍 깬다.

メダル

medal 메다루 명 메달

私金メダルをとった.
와타시 킴메다루오 톳타
나 금메달을 땄어.

メッセージ

message 멧세-지 명 메시지

彼女があなたにメッセージを残した.
카노죠가 아나타니 멧세-지오 노코시타
그녀가 너에게 메시지를 남겼다.

メモ

memo 메모 명 메모

彼がメモをしている.
카레가 메모오 시테이루
그가 메모를 하고 있다.

も

1176 もう

모- 부 이미, 벌써

もう私は決心した.
모- 와타시와 켓신시타
이미 나는 결심했다.

1177 もういちど

[もう一度] 모-이치도 부 다시 한 번

もう一度言って下さい.
모- 이치도 잇테 쿠다사이
다시 한 번 말해주세요.

もえる

[燃える] 모에루 <u>동</u> 타다

ごみが燃えてる.
고미가 모에테루
쓰레기가 타고 있다.

モーター

motor 모-타- <u>명</u> 모터

モーターを付けてみて、動くかみよう.
모-타-오 츠케테미테, 우고쿠카 미요-
모터를 켜봐, 움직이는지 보자

モーターボート

motorboat 모-타-보-토 <u>명</u> 모터 보트

川にはモーターボートが多い.
카와니와 모-타-보-토가 오-이
강에는 모터보트가 많다.

1181 モデル

model 모데루 몡 모델, 모형

この製品は最新のモデルだ.
코노 세-힝와 사이신노 모데루다
이 제품은 최신의 모델이다.

1182 もくざい

[木材] 모쿠자이 몡 목재

この机は木材でできている.
코노 츠쿠에와 모쿠자이데 데키테이루
이 책상은 목재로 되어있다.

1183 もくひょう

[目標] 모쿠효- 몡 목표

浩貴は自分の目標のため頑張った.
히로타카와 지분노 모쿠효-노 타메 감밧타
히로타카는 자신의 목표를 위해 열심히 했다

1184 もくようび

[木曜日] 모쿠요-비 명 목요일

お父さんは木曜日に戻ってくる.
오토-상와 모쿠요-비니 모돗테쿠루
아빠는 목요일에 돌아오신다.

1185 もくろく

[目録] 모쿠로쿠 명 목록

あなたの名前も目録に入れます.
아나타노 나마에모 모쿠로쿠니 이레마스
당신의 이름도 목록에 넣겠습니다.

1186 もちあげる

[持ち上げる] 모치아게루 동 들어 올리다

彼は箱を持ち上げた.
카레와 하코오 모치아게타
그는 상자를 들어올렸다.

1187 もっている

[持っている] 못테이루 동 가지고 있다

私は本を2冊持っている．
와타시와 홍오 니사츠 못테이루
나는 책을 두 권 가지고 있다.

1188 もってくる

[持ってくる] 못테쿠루 동 가져오다

お菓子を持ってくるのを忘れないで．
오카시오 못테쿠루노오 와스레나이데
과자를 가져오는 것을 잊지마.

1189 もっといい

못토이- 형 더 좋다

これがそれよりもっといい．
코레가 소레요리 못토 이-
이것이 저것보다 더 좋아.

1190 ものさし

[物差し] 모노사시 명 자

あなたの物差しちょっと貸して.
아나타노 모노사시 촛토 카시테
네 자 좀 빌려줘

はい、ここにあるよ.
하이 코코니 아루요
응, 여기 있어.

1191 もも

[桃] 모모 명 복숭아

あなた桃好き?
아나타 모모 수키?
너 복숭아 좋아해?

うん、大好きだよ.
응, 다이스키다요
응 정말 좋아해.

1192 ももいろ

[桃色] 모모이로 명 분홍색, 복숭아 색

私の服は桃色だよ.
와타시노 후쿠와 모모이로다요
내 옷은 분홍색이야.

とても可愛いね.
토테모 카와이-네
정말 귀엽구나.

1193 もよう

[模様] 모요- 명 모양, 문양

あなたはどんな模様?
아나타와 돈나 모요-?
넌 어떤 모양이니?

私はハートよ.
와타시와 하-토요
나는 하트야.

1194 もり

[森] 모리 명 숲

あの森にはたくさんの動物が住んでいる.
아노 모리니와 타쿠상노 도-부츠가 순데이루
저 숲에는 많은 동물이 살고 있다.

1195 もんく

[文句] 몽쿠 명 문구, 불평, 불만

食べ物に文句言わないで.
타베모노니 몽쿠 이와나이데
음식에 불평 하지마.

や

1196 やかん

[薬缶] 야캉　명 주전자

熱いからやかんに触らないで.

아츠이카라 야캉니 사와라나이데
뜨거우니 주전자를 만지지마.

1197 やぎ

[山羊] 야기　명 염소

山羊の乳は本当にうまい.

야기노 치치와 혼토-니 우마이
염소 젖은 정말로 맛있다.

1198 やきゅう

[野球] 야큐- 명 야구

野球しよう.
야큐- 시요-
야구 하자

1199 やく

[焼く] 야쿠 동 굽다

彼は今パンを焼いている.
카레와 이마 팡오 야이테이루
그는 지금 빵을 굽고 있다.

1200 やく

[約] 야쿠 부 약, 대략

約40人の人がパーティに来た.
야쿠 욘쥬-닝노 히토가 파-티니 키타
약 40명의 사람이 파티에 왔다.

1201 やさい [野菜] 야사이 　명 야채, 채소

ほうれんそう
호-렌소- 시금치

とうもろこし
토-모로코시 옥수수

ピーマン
[piment] 피-망
피망

トマト
[tomato] 토마토
토마토

だいこん
[大根] 다이콩 무

きのこ
[茸] 키노코 버섯

じゃがいも
[じゃが芋]
쟈가이모 감자

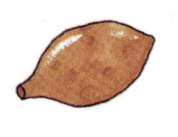

さつまいも
[さつま芋]
사츠마이모 고구마

たまねぎ
[玉葱]
타마네기 양파

キャベツ
[cabbage] 캬베츠
양배추

パセリ
[parsley] 파세리
파슬리

とうがらし
[唐辛子] 토-가라시
고추

セロリ
[celery] 세로리
셀러리

はくさい
[白菜] 하쿠사이

いんげんまめ
[いんげん豆]
잉겡마메 강낭콩

アスパラガス
[asparagus]
아스파라가스
아스파라거스

かぼちゃ
[南瓜] 카보차
호박

きゅうり
[胡瓜] 큐-리
오이

1202 やさしい

[易しい] 야사시- 형 쉽다

今度のテストは易しかった.
콘도노 테스토와 야사시캇타
요번 시험은 쉬웠다.

1203 やさしい

[優しい] 야사시-
형 온화하다, 상냥하다

彼は優しい声で私を呼んだ.
카레와 야사시- 코에데 와타시오 욘다
그는 상냥한 목소리로 나를 불렀다.

1204 やじるし

[矢印] 야지루시 명 화살표

矢印について行きなさい.
야지루시니 츠이테 이키나사이
화살표를 따라 가세요.

1205 やすい

[安い] 야스이 [형] 싸다

このお菓子は安い.
코노 오카시와 야스이
이 과자는 싸다.

1206 やね

[屋根] 야네 [명] 지붕

屋根の上に鳥の巣がある.
야네노 우에니 토리노 수가 아루
지붕위에 새둥지가 있다.

1207 やぶれる

[破れる] 야부레루 [동] 찢어지다

服が破れた.
후쿠가 야부레타
옷이 찢어졌다.

1208 やま

[山] 야마　명 산

あの山は高い.
아노 야마와 타카이
저 산은 높다.

1209 やまびこ

[山彦] 야마비코　명 메아리

彼は自分の山彦を聞いた.
카레와 지분노 야마비코오 키-타
그는 자신의 메아리 소리를 들었다.

1210 やわらかい

[柔らかい] 야와라카이　형 부드럽다

彼女の皮膚は柔らかい.
카노죠노 히후와 야와라카이
그녀의 피부는 부드럽다.

ゆ

1211 ゆいいつ

[唯一] 유이이츠 명 유일

彼の唯一の願いは大学へ行くことだ.
카레노 유이이츠노 네가이와 다이가쿠에 이쿠코토다

그의 유일한 소원은 대학에 가는 일이다.

1212 ゆうがた

[夕方] 유-가타 명 저녁

今日の夕方私の家に来ませんか.
쿄-노 유-가타 와타시노 이에니 키마셍카?

오늘 저녁 제 집에 오시겠습니까?

1213 ゆうしゅう

[優秀] 유-슈- 명 우수함, 뛰어남

彼は優秀な人だ.
카레와 유-슈-나 히토다
그는 뛰어난 사람이다.

1214 ゆうしょく

[夕食] 유-쇼쿠 명 저녁 식사

あなたは何時に夕食をするの?
아나타와 난지니 유-쇼쿠오 수루노?
너는 몇 시에 저녁을 먹니?

1215 ゆうびん

[郵便] 유-빙 명 우편

この手紙は郵便で来た.
코노 테가미와 유-빙데 키타
이 편지는 우편으로 왔다.

1216 ゆうびんきょく

[郵便局] 유-빙쿄쿠 **명** 우체국

これを郵便で送るなら郵便局に行きなさい.
코레오 유-빙데 오쿠루나라 유-빙쿄쿠니 이키나사이
이것을 우편으로 보내려면 우체국으로 가렴.

1217 ゆうめい

[有名] 유-메이 **명** 유명

フランスは芸術で有名だ.
후랑스와 게이즈츠데 유-메이다
프랑스는 예술로 유명하다.

1218 ゆき

[雪] 유키 **명** 눈

雪が降るから雪だるまを作る.
유키가 후루카라 유키다루마오 츠쿠루
눈이 내리니까 눈사람을 만든다.

1219 ゆっくり

윳쿠리 [부] 느리게, 천천히

車がゆっくり走っている.
쿠루마가 윳쿠리 하싯테이루
자동차가 느리게 달리고 있다.

1220 ユニホーム

uniform 유니호-무 [명] 유니폼

職員がユニホームを着ている.
쇼쿠닝가 유니호-무오 키테이루
직원이 유니폼을 입고 있다.

1221 ゆにゅう

[輸入] 유뉴- [명] 수입

韓国は日本からいろいろな物を輸入している.
캉코쿠와 니홍카라 이로이로나 모노오 유뉴-시테이루
한국은 일본으로부터 여러 가지 것을 수입한다.

1222 ゆび

[指] 유비 명 손가락

あなたの指どうしたの?
아나타노 유비 도-시타노?
너 손가락 어떻게 된거야?

1223 ゆびわ

[指輪] 유비와 명 반지

母は結婚指輪をしている.
하하와 켓콘유비와오 시테이루
어머니는 결혼반지를 하고 계신다.

1224 ゆめ

[夢] 유메 명 꿈

私はとても怖い夢を見た.
와타시와 토테모 코와이 유메오 미타
나는 정말 무서운 꿈을 꾸었다.

1225 ゆらす

[揺らす] 유라수 통 흔들다

彼はぶらんこを揺らしながら乗っている.
카레와 부랑코오 유라시나가라 놋테이루
그는 그네를 흔들며 타고 있다.

1226 ゆり

[百合] 유리 명 백합

私が大好きな花は百合の花だよ.
와타시가 다이스키나 하나와 유리노하나다요
내가 가장 좋아하는 꽃은 백합이야.

1227 ゆるす

[許す] 유루수 통 용서하다

私を許して.
와타시오 유루시테
나를 용서해줘.

1228 よう

[酔う] 요우　동 취하다

彼女は酔っている.
카노죠와 욧테이루
그녀는 취해 있다.

1229 ようせい

[妖精] 요-세이　명 요정

あなたは妖精を信じる?
아나타와 요-세이오 신지루?
너는 요정을 믿니?

1230 ようちえん

[幼稚園] 요-치엥 명 유치원

イルシン幼稚園はどこですか.
이루싱요-치엥와 도코데스카?
일신 유치원은 어디인가요?

1231 ヨット

yacht 욧토 명 요트

私はテレビでヨットの競技を見た.
와타시와 테레비데 욧토노 쿄-기오 미타
나는 텔레비전에서 요트 경기를 보았다.

1232 よぶ

[呼ぶ] 요부 동 부르다

誰かがあなたを呼んでるよ.
다레카가 아나타오 욘데루요
누군가가 널 불러요.

1233 よむ

[読む] 요무 동 읽다

私は日本語を読んだり書いたりできる.

와타시와 니혼고오 욘다리 카이타리 데키루

나는 일본어를 읽거나 쓸 수 있다.

1234 よゆう

[余裕] 요유- 명 여유, 여분

お母さん私、余裕のお金が必要です.

오카-상 와타시 요유-노 오카네가 히츠요우데스

엄마 저 여분의 돈이 필요해요.

1235 ~より

요리 조 ~보다

私は犬より猫が好き.

와타시와 이누요리 네코가 수키

나는 개보다 고양이가 좋다.

よる

[夜] 요루 <u>명</u> 밤

月は夜に出る.
츠키와 요루니 데루
달은 밤에 뜬다.

よわい

[弱い] 요와이 <u>형</u> 약하다, 허약하다

妹は体が弱い.
이모-토와 카라다가 요와이
여동생은 몸이 허약하다.

よん

[四] 욘 <u>명</u> 4, 넷

私は四人兄弟だ.
와타시와 요닝쿄-다이다
나는 4형제다.

ら

ライオン

lion 라이옹 [명] 사자

私は動物園でライオンを見た.
와타시와 도-부츠엔데 라이옹오 미타
나는 동물원에서 사자를 보았다.

らいしゅう

[来週] 라이슈- [명] 다음 주

来週に会おう.
라이슈-니 아오-
다음 주에 보자.

1241 らいねん

[来年] 라이넹 **명** 내년

来年には二十歳になる.
라이넹니와 하타치니 나루
내년에는 스무 살이 된다.

1242 らくえん

[楽園] 라쿠엥 **명** 낙원

この島は楽園に見える.
코노 시마와 라쿠엔니 미에루
이 섬은 낙원으로 보이는구나.

1243 ラクダ

라쿠다 **명** 낙타

ラクダを見たことある?
라쿠다오 미타코토 아루?
낙타를 본 적 있니?

ラケット

racket 라켓토 몡 라켓

ラケットを持ってテニスをする.
라켓토오 못테 테니스오 수루
라켓을 들고 테니스를 한다.

ラジオ

radio 라지오 몡 라디오

ラジオで音楽を聞く.
라지오데 옹가쿠오 키쿠
라디오로 음악을 듣는다.

ラッパ

랍파 몡 나팔

ラッパの音が聞こえる.
랍파노 오토가 키코에루
나팔 소리가 들려온다.

1247 ラベル

label 라베루 명 라벨

ビンにラベルがはってある.
빈니 라베루카 핫테아루
병에 라벨이 붙어있다.

1248 らんかん

[欄干] 랑캉 명 난간

欄干をしっかりつかんで.
랑캉오 식카리 츠캉데
난간을 꽉 잡아.

1249 ランプ

lamp 람푸 명 램프

ランプをつけて.
람푸오 츠케테
램프를 켜.

り

1250 りかい

[理解] 리카이　명 이해

私の話し理解できる?
わたし　はなし　りかい
와타시노 하나시 리카이 데키루?
내 이야기 이해가 되니?

1251 りくち

[陸地] 리쿠치　명 육지

船員たちはやっと陸地に着いた.
せんいん　　　　　　　りくち
　　　　　　　　　　　　つ
셍인타치와 얏토 리쿠치니 츠이타
선원들은 마침내 육지에 도착했다.

1252 りこう

[利口] 리코- 명 영리

彼女はあなたが利口だと言う.
카노죠와 아나타가 리코-다토 이우
그녀는 네가 영리하다고 말한다.

1253 りこてき

[利己的] 리코테키 명 이기적

彼は利己的な人だ.
카레와 리코테키나 히토다
그는 이기적인 사람이다.

1254 リボン

ribbon 리봉 명 리본

このリボンであなたの髪を結んで.
코노 리본데 아나타노 카미오 무슨데
이 리본으로 네 머리를 묶어.

1255 りゅう

[理由] 리유- 명 이유

事故の理由は分からない.
지코노 리유-와 와카라나이
사고의 이유는 알 수 없다.

1256 りゅう

[竜] 류- 명 용

竜は実存しない動物だ.
류-와 지츠존시나이 도-부츠다
용은 실존하지 않는 동물이다.

1257 りゅうこう

[流行] 류-코- 명 유행

彼女はいつも流行にあわせる.
카노죠와 이츠모 류-코-니 아와세루
그녀는 항상 유행에 맞춘다.

1258 りょう

[量] 료- 명 양

これはちょっと量が多すぎる.

코레와 춋토 료-가 오-수기루

이건 조금 양이 많다.

1259 りょうり

[料理] 료-리 명 요리

彼の料理はとても美味しい.

카레노 료-리와 토테모 오이시-

그의 요리는 정말 맛있다.

1260 りんご

[林檎] 링고 명 사과

私は林檎ジュースが好きだ.

와타시와 링고 주-스가 수키다

나는 사과 주스를 좋아한다.

1261 りょこう

[旅行] 료코- 명 여행

私達は飛行機で旅行に行った.

와타시타치와 히코-키데 료코-니 잇타

우리들은 비행기로 여행을 갔다.

れ

1262 れいじ

[零時] 레이지 명 0시, 자정

この店は零時に閉まる.
코노 미세와 레이지니 시마루
이 가게는 자정에 문을 닫는다.

1263 れいぎ

[礼儀] 레-기 명 예의, 예절

食べながら話すのはよくない礼儀だ.
타베나가라 하나스노와 요쿠나이 레-기다
먹으면서 말하는 것은 나쁜 식사예절이다.

1264 れいぞうこ

[冷蔵庫] 레이조-코 명 냉장고

サイダーは冷蔵庫に入れなさい.
사이다-와 레이조-코니 이레나사이
사이다는 냉장고에 넣으렴.

1265 レース

race 레-스 명 레이스, 경주

私もそのレースに参加したい.
와타시모 소노 레-스니 상카시타이
나도 그 레이스에 참가하고 싶어.

1266 れきし

[歴史] 레키시 명 역사

この搭には歴史がある.
코노 토-니와 레키시가 아루
이 탑에는 역사가 있다.

1267 れつ

[列] 레츠 ⓜ 줄, 열

学生たちは列を作って並んでる.

가쿠세이타치와 레츠오 츠쿠테나란데루

학생들이 줄로 서있다.

1268 レッスン

lesson 렛승 ⓜ 레슨

私はバイオリンのレッスンを受けてる.

와타시와 바이오링노 렛승오 우케테루

나는 바이올린 레슨을 받고 있다.

1269 レモン

lemon 레몽 ⓜ 레몬

私はレモンの味が好きだ.

와타시와 레몬노 아지가 스키다

나는 레몬 맛을 좋아한다.

1270 れんしゅう

[練習] 렌슈- ⓜ 연습

試合の前は練習に頑張る.

시아이노 마에와 렌슈-니 감바루

시합 전에 연습에 힘쓴다.

ろ

1271 ろうじん

[老人] 로-징 명 노인

彼らは老人だ.
카레라와 로-진다
그들은 노인이다.

1272 ろうそく

[蠟燭] 로-소쿠 명 초, 촛불

彼女は蠟燭を消した.
카노죠와 로-소쿠오 케시타
그녀는 촛불을 껐다.

1273 ろく

[六] 로쿠 명 6, 여섯

彼女は6人兄弟だ.
카노죠와 로쿠닝 쿄-다이다
그녀는 육형제(남매)이다.

1274 ろくがつ

[六月] 로쿠가츠 명 6월

私は6月にパリに行く.
와타시와 로쿠가츠니 파리니 이쿠
나는 6월에 파리에 간다.

1275 ロケット

rocket 로켓토 명 로케트

今何を作ってるの?
이마 나니오 츠쿳테루노?
지금 뭘 만들고 있어?

模型のロケットを作っているよ.
모케이노 로켓토오 츠쿳테이루요
모형 로켓을 만들고 있어.

1276 ろば

[驢馬] 로바 명 당나귀

驢馬は我が強い動物だ.
로바와 가가츠요이 도-부츠다
당나귀는 고집 센 동물이다.

1277 ロボット

robot 로봇토 명 로봇

私のロボットはとても力が強い.
와타시노 로봇토와 토테모 치카라가 츠요이
내 로봇은 정말 힘이 세다.

わ

1278 わあ

와 | 감 | 와, 아

わあ、いい天気だ.
와-, 이-텡키다
와아, 좋은 날씨구나!

1279 ワイン

Wine 와잉 | 명 | 와인

ワインは葡萄で作る.
와잉와 부도-데 츠쿠루
와인은 포도로 만든다.

1280 わかい

[若い] 와카이 [형] 젊다

お祖母さんは老いて、
私は若い.
오바-상와 오이테, 와타시와 와카이
할머니는 늙었고, 나는 젊다.

1281 わける

[分ける] 와케루 [동] 나누다

ケーキを三つに分ける.
케-키오 밋츠니 와케루
케이크를 세 조각으로 나눈다.

1282 わし

[鷲] 와시 [명] 독수리

禿鷲はアメリカの象徴だ.
하게와시와 아메리카노 소-쵸-다
대머리 독수리는 미국의 상징이다.

1283 わすれる

[忘れる] 와수레루 [동] 잊다

4時に会うのを忘れないで.
요지니 아우노오 와수레나이데
4시에 만나는 거 잊지마.

1284 わたし

[私] 와타시 [대] 나

私は力が強い.
와타시와 치카라가 츠요이
나는 힘이 세다.

1285 わたしたち

[私達] 와타시타치 [대] 우리들, 우리

ここは私達の学校だ.
코코와 와타시타치노 각코-다
여기는 우리 학교야.

1286 わたる

[渡る] 와타루 동 건너다

青い信号の時に渡る.
아오이 싱고-노 토키니 와타루
파란 불일 때 건넌다.

1287 わに

[鰐] 와니 명 악어

あそこに大きな鰐がいる.
아소코니 오-키나 와니가 이루
저기에 큰 악어가 있다.

1288 わらう

[笑う] 와라우 동 웃다

笑わないでよ. 私は深刻なんだから.
와라와나이데요. 와타시와 싱코쿠난다카라
웃지마. 난 심각하니까.

1289 **わるい**

[悪い] 와루이 [형] 나쁘다, 못되다

悪い事をしないで!
와루이 코토오 시나이데!
나쁜 짓을 하지마!

1290 **われる**

[割れる] 와레루
[동] 깨지다, 부서지다

ガラスは割れやすい.
가라스와 와레야스이
유리는 깨지기 쉽다.

왕초보자 일단어 독파하기

2판 3쇄 발행 | 2018년 1월 5일

엮은이 | Rie
펴낸이 | 윤다시
펴낸곳 | 도서출판 예가
주　소 | 서울시 영등포구 영신로 45길 2

전　화 | 02)2633-5462
팩　스 | 02)2633-5463
이메일 | yegabook@hanmail.net
블로그 | http://blog.daum.net / yegabook
등록번호 | 제 8-216호

ISBN | 978-89-7567-560-7　13730

※ 잘못 만들어진 책은 구입처에서 바꿔드립니다.
※ 가격은 뒤표지에 있습니다.